最短で結果が出る最強の勉強法

荘司雅彦

講談社+α文庫

文庫版まえがき

本書のオリジナル版にあたる『最短で結果が出る超勉強法』（講談社）が世に出たのが２００７年６月で、この「文庫版まえがき」を書いている１週間ほど前に、第11刷発行の連絡をいただきました。

この間、『最短で結果が出る超勉強法』は海外でも翻訳出版され、好評を博するという栄誉に浴しております。国内でも『図解　最短で結果が出る超勉強法』（講談社ＭＯＯＫ）という、ビジュアル版が刊行されました。

ビジネス書の世界で、しかも現在のような出版不況の中で、４年間にわたって絶えることなく読者の皆さまのご支持を得られたことについては、ただただ感謝の念でいっぱいです。

しかしこの４年間に限っても、デフレの進行や雇用情勢の悪化、東日本大震災による生産の停滞などの影響もあり、日本人の平均的な所得水準は下がり続けています。社会保険料の増額や課税の強化も相まって、各人の可処分所得の減少には歯止めがかからないのが実情でありましょう。

日頃からビジネス書売り場をチェックされているようなキャリアアップ志向の社会人ばかりではなく、生活実用情報を求めて何気なく文庫本売り場に立ち寄られた皆さまにも、私の勉強法のエッセンスを取り入れていただいて、この本がより実り多き人生を送られる一助になれば幸いです。効率的に知識を吸収することで、ふだんの仕事の質、量を向上させることが可能になり、ひいては余暇の充実にもつながります。

今、私たち日本は、経済的基盤の沈下という未曾有の危機に瀕していると言っても過言ではありません。

地滑り的に悲惨な状況に陥ってしまうことを防ぎ、自らを守るためには「知力」を向上させることが必須であり、日本再興への早道でもあります。

本書は必ずやあなたの知力を飛躍的に向上させるものであると確信いたしております。

文庫化にあたって、講談社の浅井健太郎氏の多大なるご尽力をいただきましたことを、この場を借りて御礼申し上げます。

なお、本書はオリジナル版『最短で結果が出る超勉強法』のテイストを失わないよう、加筆修正は、時間の経過にともなう事実の再確認など、最小限に留めました。新しいノウハウや情報などに関しては、『最小の努力で結果を出す超合格法』(ダイヤモンド社)を、あわせてご愛読いただければ幸いです。

二〇一一年五月

荘司雅彦

はじめに

東大も司法試験も最短合格できる方法論がある

本書を手に取られた方は、何らかの意味で「向上心」をお持ちだと思います。私自身、このような「勉強法」の書籍を見ると、必ず手に取ってみます。そして、少しでも役立ちそうであれば、買ってしまう。人によっては、私を一種の「勉強本オタク」だと考えるかもしれません。

しかし、30年以上にわたって多くの方法をチェックし、自ら実践し、試行錯誤を重ね、独自の勉強法を確立したことは、私の人生を非常に豊かにしてくれました。それによって、確実に効果の上がる「最強の勉強のルール」を頭と身体に叩き込むことができたからです。

私は、約35年前に大学受験に取り組み、卒業後はいったん就職したものの、脱サラして司法試験に挑み、その流れの中で、勉強の方法論の「大枠」を完成させました。

その後、弁護士になってからも、仕事の効率を上げるためにさまざまな工夫をし、能力アップに役立ちそうな各種のツールを積極的に導入して、ノウハウとテクニックを磨き上げてきました。

そんな私自身の経験に、さらに一人娘と二人三脚で中学受験にチャレンジしたときの経験を加味して、本書の内容は構成されています。すなわち、現時点において、私が持ちうる「勉強の方法論の集大成」と言えるものです。

ここで、私の方法論の成果を客観的に挙げてみると、以下のようになります。

① 10代の頃、地元の高校に入学して、最初の実力テストの成績は、450人中60番。これでは、いわゆる一流大学の合格など到底おぼつかない状態でしたが、中学で成績が悪かった私は、この結果に大満足でした。しかし、その後、**高校3年のときに勉強法の工夫と改良を重ね、東京大学文科Ⅰ類（主に法学部に進むコース）と早稲田大学政治経済学部に現役合格しました。**

②

大学卒業後、私は日本長期信用銀行（長銀）に就職し、それから野村證券投資信託（野村投信）に転職しましたが、１９８６年（昭和61年）9月30日に退職しました。そして、その翌日の10月1日から、すぐに司法試験の勉強を始めたのです（ほぼゼロの状態からのスタートでした）。翌年5月に、第一関門の「択一《たくいつ》試験」は合格したものの、司法試験の天王山である7月の「論文試験」は「B評価」で不合格でした（それでも上位１５００番以内だったので、その後、合格者が増えたときであれば合格した成績です）。

その翌年は、各種の模擬試験で常に上位に入りました。たとえば、Wセミナーの論文模試総合で8位、択一模試総合で5位、辰巳小教室で2位、日曜答練で30位くらい……という具合に、成績が飛躍的にアップしたのです。そして、二つの予備校を掛け持ちして、司法試験に合格を果たしました。その間、脱サラして勉強を始めてからおよそ2年ですから、**私は、当時では「最速」で司法試験に合格した者の一人だと思います。**

その後、私は教える側にも回りましたが、勉強の方法論を個別に指導した教え子たちは、すべて司法試験に合格しました。

③　弁護士としては、**全国の平均的弁護士の10倍以上のペースで事件を扱ってきました**（『弁護士白書』の資料に基づく）。その結果、弁護士に登録してから数年で、県の弁護士で唯一、高額納税者番付に毎年名を連ねるようになりました。しかしその間、**基本的に残業はせず、週休2日をきちんと取っていました。**

④　娘が小学校4年生の3学期を迎えた頃、私たち一家は上京します。娘には、中学受験をめざして私の方法論を用いて学習させたところ、6年生の四谷大塚の模試で、「偏差値72」を2回取り、最終回の順位は56位でした。**娘は、東京の「女子御三家」と言われる学校をはじめ、受験したすべての中学に合格しました。**

お断りしておきますが、私は別に自慢話をしたいわけではありません。

このようなことをあえて書いたのは、「本書で紹介する方法論を用いれば、この程度のパフォーマンス（成績）を上げるのはさして困難ではない」ということを、客観的な証拠とともに説明したかったからにすぎません。

「知の力」を持つ者だけが成功できる時代

世の中には、成果が上がっているかどうか、客観的に明らかでないにもかかわらず、いかにも「楽をして成果が上がる」かのように書かれた勉強法の本があふれています。

それらは、一概に間違いとは言えません。方法論の基本は「いかに楽をするか」に尽きるからです。すなわち、資格試験や入学試験の合格からキャリアアップまで、「一定のパフォーマンスを上げるための最短距離」を発見することこそ、勉強の方法論の役割なのです。

ただし、巷《ちまた》にあふれる「ラクラク勉強法」の類《たぐい》には、一つ、欠陥があります。それは、客観的にパフォーマンスが示されているものが案外少ないということです。

その点、私の方法論は違います。私だけの成果であれば、「荘司の能力が高かったんだろう」と思われて終わりかもしれませんが、司法試験の教え子たちや実の娘のケースでも、私の方法論が成果を上げることは確認されています。

だから本書は、およそ向上心のある方にとって、必ずお役に立つ自信があるのです。

現代社会では、人の最大の財産は「知」だと言っても過言ではありません。巨大な設備や土地を持つ会社でも、時代の流れに巻き込まれれば、あっという間に倒産や廃業に追い込まれます。私は仕事柄、そういう会社や経営者を、嫌というほど見てきました。

今、世界を席巻《せっけん》しているグーグルやマイクロソフトなども、創業者が最初から大金持ちだったわけではありません。彼らは、「知の力」で、世界を制覇したのです。

こういう傾向は、将来はもっとはっきりしたものになります。すなわち、「知を持つ者」のみが、社会的成功を手にすることになるのです。わが国の「ネット長者」たちも、すべて自らの「知」で勝負した人たちばかりではありませんか。

本書は、資格試験や入学試験に取り組む人たちに「最短で目標をクリアする方法」をお伝えするのを、一つの目的としています。しかし、そのような決まった目標だけでなく、広く「知」を磨き、それを武器としてキャリアアップを図り、充実した仕事をしたいと願うすべての社会人のためにも、さまざまなスキルを紹介しています。

ただし、こうして偉そうなことを言っている私も、決していつも効率的に勉強をしてきたわけではありません。正直に告白すると、社会人になってからは、勉強法の本を読んで、その中身を実行に移せたことは、それほど多くありませんでした。めざす自分の理想像と現実とのギャップの間で、自己嫌悪に陥ったこともあります。

読者の皆さんも、いろいろな「勉強本」や「自己啓発書」を読んで、「やるぞ！」と気持ちの高ぶりを感じたものの、後で振り返ってみて、「実際の勉強につながっていなかったなあ……」と悔やんだ経験はありませんか。

それは決して、皆さんの責任ではありません。

勉強法、特に「社会人のための勉強法」を紹介した本は、大きく2種類に分かれます。

一つは、「日経新聞を読む」「自分の書斎を持つ」「通勤時間を利用する」など、日々の生活における習慣や姿勢、態度などに重点が置かれているものです。ただし、それらには、具体的な資格や受験についてのノウハウが書かれていません。

もう一つは、特定の資格や入学試験の攻略法、あるいは体験記などが書かれていて、それ以外の勉強を最初からターゲットにしていない本です。

もちろん、二つの中間的な性格の本も存在しますが、著者の経歴を見ると、どちらに重点が置かれているかがある程度わかります（一般に、コンサルタントなどが書く勉強本は前者が多く、予備校の講師が書くものは後者が多いでしょう）。

前者の傾向が強いと、勉強の準備をする態勢と心構えはできるものの、「具体的に何をすればいいのかわからない」ということになりかねません。また、後者だと、「特定の資格試験や入学試験に向けた勉強法しかわからない」ということになってしまいます。

そこで、本書では、社会人がいろいろな資格を取る場合にも、また、学生が受験する場合にも、「必ず役に立つ普遍的なノウハウ」を紹介しています。その際には、脳科学や心理学などの理論的根拠を、なるべくわかりやすく示すよう努めました。

眠っている頭脳を叩き起こそう！

私がこう説明しますと、「なぜ、そこまで自信を持って言い切れるのか？」という疑問を持つ方もいらっしゃるでしょう。

さきほど述べたように、私の勉強法は、大学受験から司法試験の受験、そして秒刻みで働く弁護士としての実務経験に、脳科学や心理学などの理論的バックボーンを合わせて確立したものです。その方法論を娘の中学受験にも応用したところ、きちんと合格という成果を上げることができました。しかも、その経験を「勉強法の中学受験版」として『中学受験ＢＩＢＬＥ』（講談社）という本にまとめたところ、私たち親子の方法論を応用して合格を勝ち取った中学受験生が、たくさん現れたのです。

このように、私の方法論には、理論的な根拠だけでなく、私たち親子をはじめとする多くの実績を伴っています。だから私は、**資格試験から中学受験まで、およそ試験に関する勉強について、本書の方法論には確固とした普遍性がある**と断言できるのです。

また、私が残業も休日出勤もせず、秒刻みのペースで平均的弁護士の10倍以上の仕事をしてきたことは前に述べましたが、そんな生活をしながらも、勉強は継続してきました。すなわち、仕事を持っていても、巧みにタイムマネジメント（時間管理）をしていけば、十分な収入を保ちつつ、それを支える知識やノウハウを習得することができるのです。私が身につけたそういう経験則も、本書には反映されています。

そして、本書で紹介した勉強法を実行するのに、余計な費用は一切かかりません。読者の皆さんのライフスタイルに応じて、どのようにでも改良できるようになっています。いわば、本書は「知の力」を向上させるための基本的な方法をお伝えするだけで、ご自分でさらなる「応用編」を作っていただければ、より効果的に活用できるはずです。

このように、私が本書で、中学受験から大学受験、そして司法試験から弁護士実務に至るまで広範囲な材料を用いたのは、基本的に「すべての知は役に立つ」というスタンスに立っているからです。

実は、昔の私は「すべての知は役に立つ」とはまったく思っていませんでした。高校時代は、「数学や生物なんて、将来は何の役にも立たないのではないか」という疑問を抱きつつ、それでも入試というハードルを越えるための手段として、試験勉強をしました。

しかし、社会人になり、銀行や投資会社を経て弁護士業務という社会経験を積むにつれ、私の考えは一変しました。「これまで机上で学習してきたすべての知が役に立つ」ということに気づいたのです。

特に数学については、「社会で最も無意味なものだ」などと不遜《ふそん》なことを考えていたのですが、それが百八十度、引っ繰り返りました。金融論や経済学の分野で頻繁《ひんぱん》に数式が使われるのは当然として、法律学でも、アメリカで成熟している「法と経済学」の分野ではミクロ経済学の知識（偏微分など数学の知識）が必須です。いまだにその領域まで達していないわが国の法解釈学でも、数学的な論理力が必要とされます。

このように、受験勉強で得た知識にも、仕事や自己啓発で得た知識にも違いはありません。すべては連続しており、同質性のある「知」という分野に含まれるのです。

今もすでにそうですが、**これからの時代、「知」で武装し、それをうまく利用した者のみが富む社会になっていくことは間違いありません。**知力を持った人にとって、巨万の富を得るための必要な道具は、もしかしたらパソコン1台で足りるかもしれないのです。

性別、年齢、職業に関わりなく、知力を駆使すれば、成功に至る扉は必ず開きます。格差問題がクローズアップされていますが、今後、もし社会的格差が拡大すれば、それは知力の有無や程度が最大の要因となることでしょう。

刊行に当たり、本書のオリジナル版にあたる『最短で結果が出る超勉強法』の執筆を勧めてくださった講談社学芸図書出版部の唐沢暁久担当部長と、私の最初の単著にして自信作『男と女の法律戦略』（講談社現代新書）以来お世話になり続けている担当編集者の広部潤氏に深く感謝申し上げます。

本書を手に取られた方が、一人でも多く、眠っている頭脳を叩き起こして、知的勝者になってくだされば、著者としてこれ以上の喜びはありません。

最短で結果が出る最強の勉強法　目次

文庫版まえがき ……… 3
はじめに ……… 6

第1部 スタートはモチベーションアップがいちばん大切だ！

ルール01 1冊の基本書にすべての情報を集中させよう ……… 24
ルール02 道具選びは機能性とオシャレ性を重視しよう ……… 40

ルール03　強力な勉強仲間を作ろう……60
ルール04　「試験を目標にする」のはとても効果的だ……83
ルール05　「成功のイメージ」を潜在意識に刷り込もう……96
ルール06　勉強こそ若返りに最適である……112
ルール07　自分で自分の限界を設定するな……119

第2部　続ける秘訣は「楽しく勉強すること」にあり！

ルール08　自分の心に「ご褒美」を与えよう……132

ルール09 学んだことを「長期記憶」として定着させよう……138
ルール10 詰め込みと丸暗記は「善」だと思え……154
ルール11 勉強の時間帯は気にするな！……176
ルール12 マトリクス計画表が効果を倍増させる……190
ルール13 右脳のパワーを徹底的に利用しよう……207

第3部 一気に成果を上げる最強のヒント

ルール14 「突っ込む癖」で論理力を養おう……230

ルール15　五感をフルに使って勉強しよう……240
ルール16　教材は「迷ったら買い」を肝に銘じよ……269
ルール17　資格や学歴は取れるときに取っておこう……283

おわりに……291

コラム　最速勉強法ベーシック・スキル　国語編
現代国語には、れっきとした「解法」がある……77

コラム　最速勉強法ベーシック・スキル　英語編
「知価社会」では、英語の「読み書き力」が必須だ……127
コラム　最速勉強法ベーシック・スキル　法律学編
最重要ポイント2点を押さえれば、法律学はバッチリ！……172
コラム　最速勉強法ベーシック・スキル　会計学編
会計は「本物の財務諸表」で勉強するのがベスト……223
コラム　最速勉強法ベーシック・スキル　経済学編
「公務員試験レベルの経済の問題を解く」ことをめざそう……265

第1部

スタートは
モチベーションアップが
いちばん大切だ!

ルール01 1冊の基本書にすべての情報を集中させよう

まず、勉強に必ず求められる「読む」ことの説明から始めましょう。

ただし、ここで説明するのは、あくまで勉強のためにテキストを読む方法です。好きな小説や雑誌を読むのは、あくまで楽しみのためですから、そのときは、勉強のための読み方を参考にする必要はまったくありません。

最初は「分量が少なく」「読みやすい」ものを選ぼう

何でもそうですが、「勉強する分野の全体像を、最初に大まかにつかむこと」が、その分野の攻略の第一歩です。

たとえば、資格試験によく出る「民法」では、受ける試験によって違いはありますが、最終的には何冊ものテキストを読まなければならない場合がほとんどでしょう。大学受験で言えば、英文法や世界史などはかなり分量がありますし、大学によっては、きわめて細かい知識が必要な問題を出すところもあります。

そのような、ボリュームの多い科目を勉強する場合は、重要なポイントがあります。**「分量が少なく、かつ読みやすい入門書の類を短時間でざっと読むこと」**です。

ところが、「量が少なく」かつ「読みやすい」入門書というのは、一見、いくらでもあるように思えますが、実はそれほどたくさんはありません。それは、執筆する側としては、分量を少なくすると「骨」だけになってしまい、読んでも無味乾燥になってしまう。かといって、読みやすくしようとすると、具体例などを豊富に入れなければならないので分量が増えてしまう。そんなジレンマに陥るからです。

ですから、「○○入門」という薄い本を買ってきて読んでみたら、さっぱり理解できなくて、その科目が嫌いになり、ひいてはその試験を受けるのをやめてしまった――という経験をお持ちの方も多いと思います。

しかし、「部分的にわかりやすい入門書」なら、あれこれ探せば案外見つかるものです。そういう本を何冊か利用することで、「一つの分野の全体像をざっと把握する」という作業は十分にできます。最近では、「試験に出そうな重要部分を膨《ふく》らませて、興味を惹くような書き方をし、重要度の低い部分はあっさりと流す」という、いわば読者の立場になって作られた入門書が、増えてきています。

具体的には、各種の予備校などが出している入門書などに、使いやすいものがあります。経済学や金融論のような、難しそうな分野でも、とてもやさしく書かれたテキストがたくさん出版されています。

また、日本文芸社から数多く出版されている「面白いほどよくわかる」シリーズにも、いろいろな分野で優れた入門書があります。そういった本の中から、自分に合ったものを選ぶことをお勧めします。

短期間で何度も回転させ、目からウロコを落とす

このように、ボリュームのある科目を勉強するときには、自分に合った「分量が少なくて理解しやすい入門書」を、何度も回転させましょう。

「回転させる」とは、繰り返して読むことです。分量の少ない入門書を、最低でも3回、できれば5回くらい、1週間以内を目処《めど》にして読んでみましょう。わからないところは、すっ飛ばして構いません。

短期間で3回読めば、最初すっ飛ばしたわからない部分も、ほとんどの場合、理解できるようになります。そして、その科目の全体像を、おぼろげながらでも頭に叩き込むことができるのです。

ともかく、**「分量の少ない本を、わからない部分は気にせず、何度も何度も回転させる」ことを第一に考えましょう。**

ただしこの場合、「同じ入門書を何度も回転させる方法」と、「同じレベルの複数の入門書を何冊か読む方法」の2種類があります。

どちらを採るかは、分野や各人の好みによりますが、入門書が豊富にある分野ならば、後者の方法、すなわちどんどん別の本を読んでいく方が効果的なことが多いでしょう。

よほど優れた入門書でない限り、1冊の本に完璧を求めることには無理がありま

「回転」させて読む効果

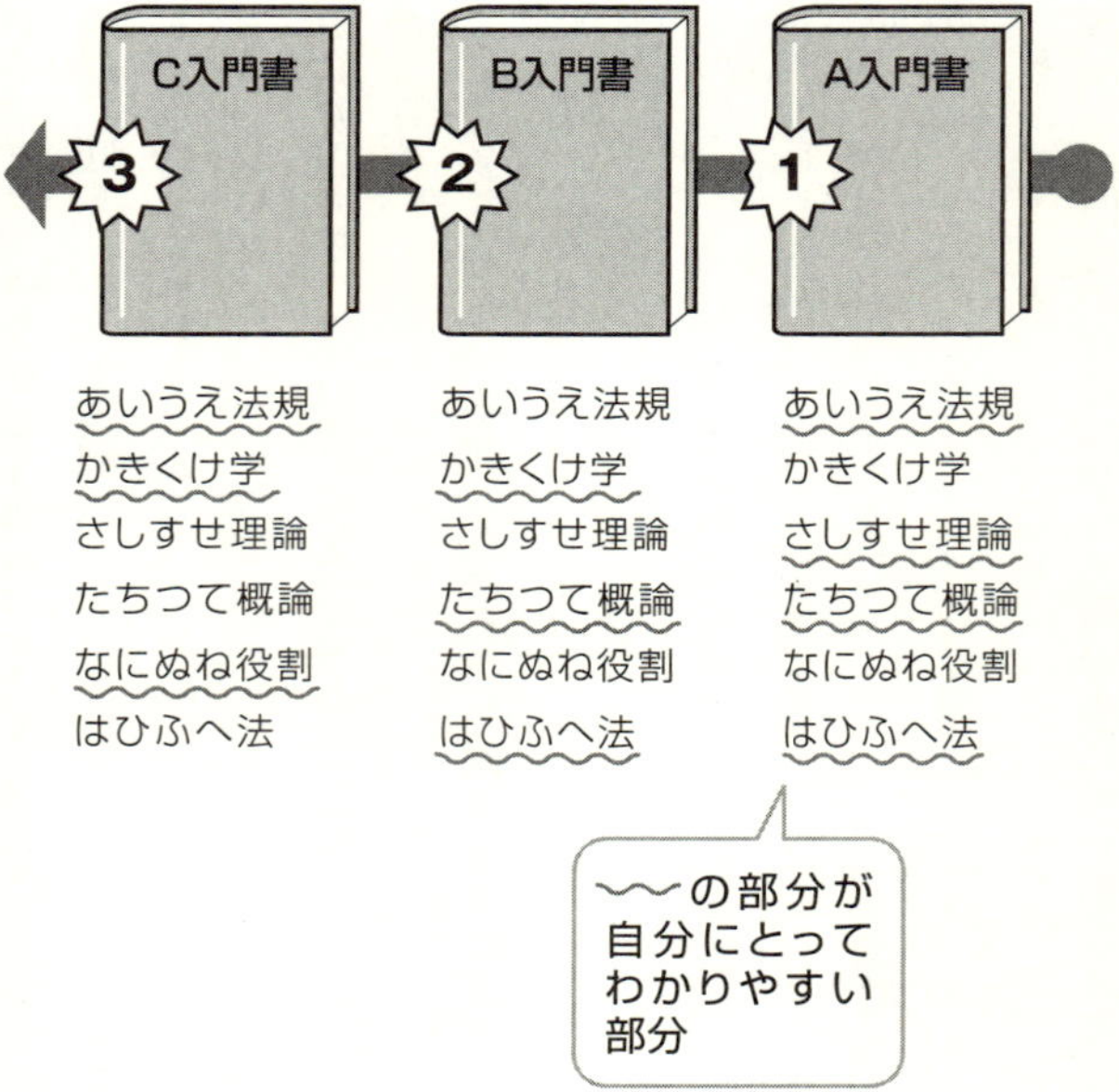

著者によって得意分野、不得意分野があるのは当然と考えよう。3冊ぐらい読んでみて、すべての項目で「わかりやすい」部分に触れられることが圧倒的に多い。このステップをふんでおくと「どこが重要なポイントか」「どこが自分では理解しにくいか」などが見えてくる！

す。著者によって、得意分野と不得意分野があるため、読む側にとっても、しっかり理解できる部分とあまり理解できない部分が生じてくるのはやむを得ないのです。ですから、同じ科目でも、最初に読んだ本ではまったく理解できなかった部分が、別の本を読むと、まさに「目からウロコが落ちるように」簡単に理解できることがあります。

分量の少ない入門書を、せめて3冊くらいは、わからないところを飛ばしながらで構いませんので、どんどん読んでいきましょう。**「読んで理解できない部分が入門書にあれば、それは著者が悪い」**というのが私が得た経験則です。理解できなくても、まったく気にする必要はありません。

このような最初の「高速回転読書」が、後になって絶大な威力を発揮します。

合格体験記はバカにできない

さて、入門書を読み終えたら、今度は「自分の基本書」を1冊決めましょう。いわば、「その科目のホームグラウンド」と呼べる本を決めてしまうのです。

受験の世界とは便利なもので、大学入試から各種の資格試験まで、科目ごとに定評あるテキストがいくつか決まっています。ですから、そのような標準的なテキストの中から、自分に合うと思うもの、入試なら志望校の出題に合ったものを選べばいいのです。

ときどき、他の人と同じであることを嫌って、マイナーなテキストを選ぶ人がいますが、これは感心しません。趣味で読むのなら問題はないのですが、試験に合格するとか、あるいは（TOEICなどで）高得点を取るというのが目標ならば、みんなと違ったことをやって「逆転ホームラン」を狙う必要はまったくありません。

合否を分ける試験なら、合格定員の中に入ればいいし、得点を競う試験なら、一定の点数より上に入ればいいわけです。奇抜なことをやって、かえって他の受験生が楽勝で取れる問題を落とす方が、よほど危険なのです。

では、自分の基本書となるメジャーなテキストを選ぶときは、何を参考にすればいいのでしょうか。まず、いろいろな合格体験記や、大手の予備校や塾が公表している情報、あるいは受験情報誌を利用しましょう。

この中でも、合格体験記をバカにしてはいけません。確かに、最近の合格体験記については、「予備校のやらせが多い」という声もよく耳にします。最近だけでなく、私が司法試験に合格した頃も「体験記の内容に予備校が手を加えている」という噂はありました。しかし、合格者が、世話になった予備校をよく書くのは当たり前のことで、その辺を割り引いても、合格体験記には、後進のための豊富な情報と「合格へのカギ」が詰まっています。

私が司法試験の勉強を始めるときに最初にやったのは、過去3年分の「合格体験記」を買ってきて、熟読することでした。特に、短期間（当時だと2～3年）で合格した人の体験記を読み込み、テキストもそれを参考にして選びました。

また、それらの**合格体験記は、常に「手の届く場所」に置いて、勉強に行き詰まったら必ずページを開き、内容を読んではあれこれ考えを巡らせて、打開策を練ること**にしました。なぜ、いつでも合格体験記を開けるようにしたかというと、自分の学習の進み具合や時期によって、体験記の読み方が異なってくるからです。

たとえば大学受験では、「夏休みに何をやるか」と「受験直前に何をやるか」は、大きく違います。合格体験記を夏休みに読むと、どうしても、その筆者が夏休みにやったことばかりを集中して読んでしまいがちで、仮に受験直前に関する部分を読んだとしても、実際に受験の直前になる頃には、忘れてしまっているでしょう。普通は、受験が間近になって、ようやく受験直前についての記述を集中して読むようになるものです。

ですから、合格体験記は必ず買って、手もとに置いておきましょう。そして、こういう体験記の中には、「基本書」を選ぶための情報もたくさん詰まっているのです。

すべての情報を基本書の余白に書き込む

こうして自分の「ホームグラウンド」となる基本書が決まったら、「その本に有益な情報を集中させる」という作業を行います。

私は司法試験の受験生だった頃、弁護士、公認会計士、通訳の「資格三冠王」と呼ばれた黒川康正《くろかわやすまさ》さんの講演を聴いたことがあります。そのとき黒川さんは、刑法の勉強法について、「司法試験の刑法総論の過去問を、すべて『刑法総論』のテキストのページの欄外に書いていった」という体験談をしてくださいました。

そうやった結果、黒川さんの「刑法総論」のテキストは、「共犯」の章は真っ黒になったのに、全体の3分の1くらいはまっさらのままだったそうです。このエピソードを、実際に使われたテキストを見せながら話してくださいました。

要するに、黒川さんがおっしゃりたかったのは、「試験に出る箇所はだいたい決まっているので、その部分を重点的に勉強し、出そうにないところはさらりと流せばいい」ということでした。

大学入試でも、私が受けたところで言うと、東大文Iの社会の試験では、細かな知識は不要でした。ところが、早大の政経学部では細かな知識が求められていました。そこで私は、早大政経学部は、社会の代わりに数学で受験しました。

黒川さんのお話はとても示唆《しさ》に富むもので、特に、「過去問を基本書の余白に書き込んでいく」というのは、きわめて合理的な方法論です。

私もそれに倣《なら》いました。私の場合は、過去問に限らず、他のテキストや演習書で「なるほど！」と思ったことや、模擬試験で出題されたけれども基本書には詳しく書かれていない情報を、どんどん基本書の余白に書き込んでいきました。

　こうして1冊の基本書に重要な情報を集中させると、「この問題、前にどこかで見たことがあったなあ、どこだったかなあ……」となったときに、受けた模試の問題用紙や他の参考書などを、あれこれ探し回る必要がなくなります。テキスト1冊を調べれば、それで全部すんでしまうのです。

　これは大変な時間の節約になるので、ぜひお勧めします。

　また、他の参考書などから転記した場合は、その出典を明らかにしておくと、さらに便利です。

　たとえば、憲法で言えば、（憲法学の大家として知られる）芦部《あしべ》信喜《のぶよし》教授の著名な演習書『演習憲法』（有斐閣）の30ページに書かれていたことをテキストに転記した後、「芦演30」とでもメモしておくのです。すると、その内容を詳しく参照したいときに、『演習憲法』の30ページにすぐにアクセスできるからです。

基本書に有益な情報を集中させる

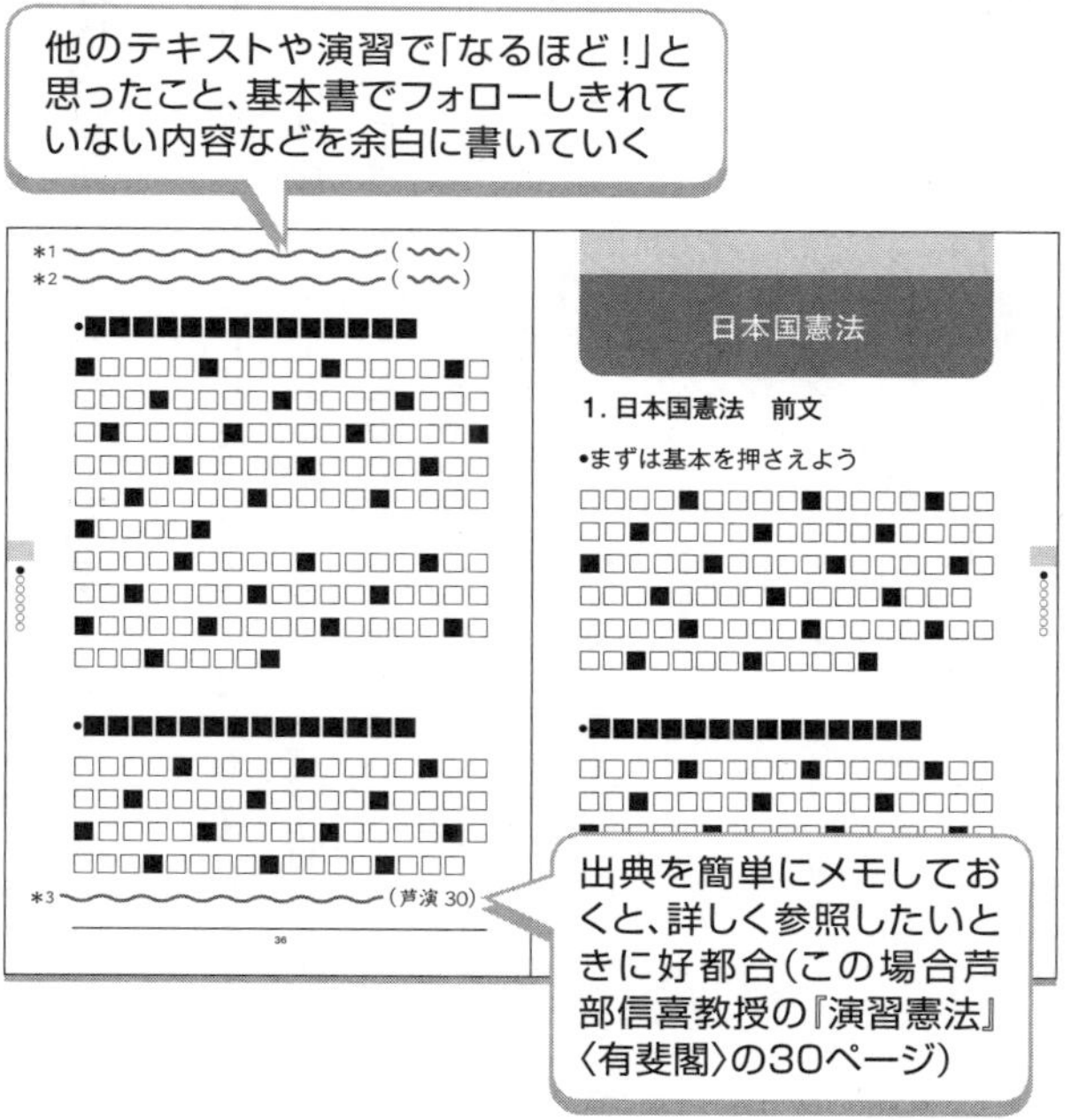
他のテキストや演習で「なるほど！」と思ったこと、基本書でフォローしきれていない内容などを余白に書いていく
＊1
＊2
＊3
（芦演 30）
36
日本国憲法
1. 日本国憲法　前文
•まずは基本を押さえよう
出典を簡単にメモしておくと、詳しく参照したいときに好都合（この場合芦部信喜教授の『演習憲法』〈有斐閣〉の30ページ）

情報集中がもたらす絶大な効果

1. 基本書を何度も開くことにより、内容や構成が自然と頭に入る
2. 試験の直前にも「基本書だけを読み返せばいい」という安心感が生まれる
3. 複数の情報を統合することにより、一つの事柄を格段に深く、正しく理解できるようになる

「帰納的な読み方」の絶大な効果

基本書となるテキストの読み方には、大きく分けて二通りあります。

一つは、最初からページ順に、テキストの論理的な説明に沿って読んでいくやり方で、これを私は「演繹《えんえき》的な読み方」と呼んでいます。数学の問題を、論理を積み重ねて解いていくように、基本書の記述の順序に沿って読んでいく方法です。

多くの受験生は、このようにしてテキストを読んでいると思われます。もちろん、基本書のいちばん最初からだけでなく、「第2章から」とか「第3章から」といったように、途中から始めて順次読んでいくのも、この「演繹的読み方」に当たります。

その一方で、受験生が案外忘れがちな、あるいはやっていないのが、「帰納《きのう》的な読み方」です。これは、「問題を解いているときや、模試の復習をしているときに、基本書の該当箇所に戻る」という読み方です。要するに、問題や試験と基本書を、マメに照らし合わせることによって密接にリンクさせ、理解や記憶を深めようという読み方です。

（お断りしておきますが、ここで用いた「演繹的」「帰納的」という言葉は、あくまでイメージを伝えるための表現で、論理学の「演繹法」「帰納法」とは別のものです）

私が強くお勧めしたいのは、この「帰納的な読み方」です。

受験生はどうしても、「問題集を解いたら、解答と解説を見て終わり」「模試を受験しても、せいぜい解説を読んで終わり」になりがちでしょう。しかし、それはとてももったいないことです。

問題をやっていて、仮に正解にたどり着けたとしても、少しでも理解があやふやだったり、間違っていたりした場合は、必ず基本書の説明をチェックしましょう。これが、常に基本書に帰っていく「帰納的な読み方」なのです。

基本書にしっかり書いてあったのに、問題ができなかった場合は、「基本書の読み込み不足」です。あるいは、その内容がそもそも基本書に書いてなかった場合は、新たな情報として基本書に書き込むことができます。

こうやって有益な情報をどんどん基本書に集めていくと、次のような絶大な効果が生まれます。

①　基本書を何度も開くことによって、その内容や構成が自然と頭に入る。特に重要な部分は何度も開くので、それだけでかなりの程度まで覚えてしまう。

②　「すべては1冊の基本書にある」という安心感があると、試験の直前にも「これだけを読み返せばいい」ということになり、記憶を呼び起こすのに役立つ。本試験は、模試のように範囲が限られていないので、前日に全範囲を一通り見返せるだけで、非常に有利になる。

③　出典が異なる複数の情報を統合することにより、一つの事項を、格段に深く、正しく理解できるようになる。

この「帰納的な読み方」の場合も、（重要なので繰り返しますが）基本書に情報の出典をきちんと書き込んでいくようにします。

こうして基本書を辞書のように使っていくと、普通に通読したときとはまったく違った「深さ」で、基本書の中身が理解できるようになります。何と言っても、**繰り返しページをめくることによって、まさにその科目や分野における「自分だけのバイブ**

ル」が完成するのです。

ルール02 道具選びは機能性とオシャレ性を重視しよう

最近は、勉強効果を上げるためのツールやアイテムが、たくさん販売されています。

もちろん、中にはずいぶん怪しげなものもありますが、自分に合わなかったからといって、「インチキ商品」と決めつけるのは行きすぎでしょう。自分には役に立たなくても、他の人には絶大な効果があるという場合もあるのですから。

もっとも、あまりにも高額な商品を安易に買うのは、よほど自由に使えるお金をたくさん持っている人でなければ、ためらうはずです。では、どんな基準で勉強のための道具を選べばよいのでしょうか。

私が勉強道具を選ぶときの条件は、①値段が自分にとって許容範囲内にあること、②一定期間は飽きずに使い続けられる自信のあること、③「ハズレ」であっても少し後悔するだけですみそうなこと――という3点で、これらをクリアするものであれば、ともかく買って使ってみます。

それに基づいて、この章では、勉強の道具に関する私なりのポリシーをさらに詳しく紹介し、実際に私が使った道具についても説明したいと思います。

大きく2種類に分かれる勉強の道具

まず、**勉強の道具には、2種類あることを覚えてください。「本来的な勉強道具」と「本来的ではない勉強道具」です。**

簡単に言うと、前者は「もともと勉強のために作られた道具」であり、後者は「もともとは勉強のために作られたわけではない道具」となります。

それぞれについて、具体的に説明していきましょう。

①本来的な勉強道具

典型的なものは、ノートや筆記用具です。どのような試験勉強でも、ノートや筆記用具は必要になるでしょうから。

では、数多くある中から、どのようなものを選べばいいのか。私の方針は、「本来的に勉強に使う道具は、見栄えよりも効率性重視で選ぶ」というものです。具体的には「持ち運ぶときの軽さ」「どんどん好きなことを書いていける手軽さ」「ボロボロになってもかまわない安心感」といった点がポイントになるでしょう。以下、さまざまなアイテムについて、選び方のコツを紹介します。

【バッグ】

持ち運び用のバッグは、「軽くて丈夫な素材で作られ、容量の大きいもの」を利用しましょう。私は以前、何となく格好がいいというだけの理由で「ダレス・バッグ」を使っていたのですが、これはかなり重く、機能性の面ではあまり高くないように思えました（弁護士らしさを出すのにはいいのかもしれませんが）。

現在はおおむね、薄くて丈夫な生地でできていて、中もきちんと整理できる伊勢丹オリジナルバッグを使用しており、非常に重宝しています。

私はかつて受験生だったときも、**生地のしっかりした軽めのバッグを使っていましたが、これはとても役に立ちました。**荷物が多いときもぎっしりと詰め込むことができ、バッグ自体の重さがあまりないので、長時間持ち運んでも疲れないのです。

チェックポイントは、重要性の高い順に、①バッグ自体の重さ、②丈夫さ、③必要な道具が入っても余裕がある容量、④内部の区分けなどの使いやすさ、⑤デザイン——ということになります。もちろん、車やバイクなどで常時移動ができる人の場合は、バッグ自体の重さの重要性は低くなります。

【ラインマーカー】

ラインマーカーは、どこの文具店でも売っている、最もポピュラーなものを使うことをお勧めします。「入手が容易なものにこだわりましょう」ということです。ちなみに私は、ゼブラの、太字と細字が書けるラインマーカーを使っています。

なぜ「入手容易性」にこだわるのかというと、学習中に切らしてしまった場合（特に出先などで）、同じものが入手できるととても助かるからです。

メーカーによって、ラインマーカーの色合いは若干異なっています。そのため、テキストに「色分け加工」（後述しますが、これは役に立つテクニックです）をしている最中に別のメーカーのものに変えると、後日、何度もテキストの見直しをする際に違和感を覚えたり、メーカー製のものに変えると、最悪の場合は、別の色と誤解してしまう恐れがあります。そうなると、せっかくの「色分け」が無意味になってしまいます。

目にダイレクトに飛び込んでくるマーカーの色には、細心の注意を払いましょう。


【ノート】


基本的に、私はノートをメモ程度にしか使っていません。それは、重要事項は原則として全部テキスト（基本書）にみっちり書き込むからです。

現在は、ノートとして、ロディア製メモパッドのB5サイズのものを使っています。これはファイリング・ノートのように重くなく、好きな部分をきれいに破って使える点が機能的だからです。

「ノートにメモする作業」から「メモの重要部分を基本書に書き込む作業」までの大まかな流れは、まず講義でノートをとり、復習するときに、ノートに書いた内容のうち重要な部分をテキストにすべて書き込む――というものになります。つまり、ノートはあくまでも基本書にメモを転記するまでの「橋渡し役」にすぎません。ですから、ノートは「使い勝手のよさ」を最優先して選ぶべきです。

また、ノートからテキストに転記ができず、やむなくノートのページそのものを貼り付けなければならないこともあります。そういうとき、私は同じくロディア製のメモ帳サイズのノートを使っていますが、貼り付けなければならないほど大部の情報はそれほど多くありません。一応念のためにノートを持っている、という程度です。

なお、貼り付け用に大判の付箋（ポストイットなど）を使っている人を見かけますが、一時的な貼り付けならともかく、テキストの補充として貼り付けるのであれば、お勧めはできません。なぜなら、**付箋ははがれやすいので紛失しやすく、別の箇所にくっついてしまったりして、混乱を招くことが多い**からです。

付箋は、あくまで一時的な備忘のため、あるいは該当ページをすぐに開くためのツールに限定して使うべきでしょう。

【クリア・ファイル】

Ａ４サイズ30穴のクリア・ファイルをいくつか用意しておくと、非常に便利です。というのは、どんな勉強でも、教材で「整理に困るもの」が必ずと言っていいほど出てくるからです。読者の皆さんも経験があるのではないでしょうか、プリントなどを、

「これはどこに入れておけばいいんだろう？」

と悩んだ末、机の上や中に放置しておいたらそのまま見つからなくなり、探すためにムダな時間を費やしたことが……。

こういうケースに備えて、私は、野《の》口《ぐち》悠《ゆ》紀《き》雄《お》先生（早稲田大学ファイナンス総合研究所顧問）の「どんどん時系列的に紙袋に入れてしまう」という「超整理法」を参考にしています。とりあえず整理する場所として、教材や資料を、Ａ４サイズ30穴のクリア・ファイルに、時系列的に片っ端から入れていくのです。

すると、探す場所はそのクリア・ファイルだけになり、中身は時系列的に並んでいるため、検索は飛躍的に容易になります。もちろん、収納作業もきわめて楽です。

なお、2穴のクリア・ファイルでは、収める分量が多くなると、ファイルが外れてしまって安定性に欠けます（私はこれで失敗したことがあります）。30穴を強くお勧めします。

【筆記用具】

ラインマーカーは「入手しやすさ」が大切だと述べましたが、鉛筆やペンなどの筆記用具については、逆に「こだわり」を持って選びましょう。**特に本試験や模試で使用する筆記用具には、とことんこだわることが大切です。**

仮にマークシート方式だけで解答する試験であっても、使い勝手のいいマークシート用鉛筆で、スムーズに、かつきれいに記入欄を塗りつぶすことができれば、うまくいけば数分くらいの余裕時間が作れるかもしれません。ましてや論述式の試験では、「早くきれいに書けるかどうか」が合否の分かれ目となることが、とても多いのです。

私は司法試験を受験したとき、「天王山」と言われた論文試験で、この点に細心の注意を払いました。論文試験では、1科目につき2時間の中で、8ページの答案を2通分書き上げなければなりませんでした。それが、多い日には3科目あったので、1

日に8ページの答案用紙を6通作成することになります。

こうなると、「いかに疲れることなく丁寧《ていねい》に書き続けられるか」が、勝敗を大きく左右します。不幸なことに私は、小学生時代の悪友（藤田君という名前まで覚えているのですから、当時の苦労をわかっていただけると思います……）から間違った鉛筆の握り方を伝授されてしまったため、普通の人の半分くらいのスピードでしか文字が書けません。ですから、「少しでも速く、丁寧に書ける筆記用具」を、日々探し求めてきました。

あれこれと買ってみては模試で使い、新製品が出るとそれを試し……という試行錯誤を繰り返した末、自分に合ったペンを見つけることができました。それを常時30本くらい用意しておいて、外出の際にも5本くらいは持っていきました。

司法試験の論文試験でも、ふだんから選《よ》りすぐっていたペンが、合格の陰の功労者になってくれたと思います。

ちなみに私は、大学入試のときも、「答案を読む側が見やすいように」ということを意識して、きれいに削った若干濃いめの鉛筆を1ダースくらい試験会場に持参して、文字をわかりやすく、丁寧に書くようにしていました。

筆記試験では、当然ですが、書かれた答案だけが合否を決めます。答案を書いた人の人間性や背景、また試験で問われていない知識などは、まったく考慮されません。そういうことを改めて自覚して、答案作成の道具には、かなり神経質にこだわるべきだと思います。

以上、「本来的な勉強道具」について説明してきました。

どれも基本的には機能性を重視することがいちばんですが、それにもう一つ付け加えれば、「オシャレ性」も結構役に立ちます。機能性が十分なものであれば、という条件付きですが、少しオシャレをするとやる気が出て効果的なのです。

ファイルや手帳などは、機能が同じであれば、自分好みのブランド物を選ぶのもいいでしょう。鉛筆のような小さなものでも、少し高価なものを使ったりすると、気分が楽しく、前向きになるものです。その程度のささやかな贅沢《ぜいたく》でやる気が起きれば、かえって「めっけもの」と言えるでしょう。

②本来的ではない勉強道具

私が「本来的ではない勉強道具」と呼ぶのは、一般的な用途が特に勉強用ではないツールのことです。たとえば、ポータブル・プレイヤーやボイス・レコーダー、カセット・レコーダー……といったものです。

こういう道具も、世間一般の用途にこだわらず、勉強のためにどんどん使っていくことをお勧めします。

たとえば、ポータブル・プレイヤーに暗記事項を吹き込んでおき、それを聴きながら散歩すると、きわめて効果的に記憶できます。また、Q&Aをカセット・レコーダーで吹き込んで、後で移動するときに聴くのも、とても効果があります。勉強で目が疲れたときや気分がすっきりしないときは、倍速で聴くと頭が刺激されて、かえってよく覚えられます。

以下、もう少し具体的に説明していきましょう。

【録音・再生機】

今や、カセット・レコーダーのみならず、ＣＤやボイス・レコーダーなど、いろいろな音声録音・再生ツールがあります。とにかく録音ができれば、後は自分にとって都合のいいものを選べばいいでしょう。

これらは主に、暗記したい重要事項を自分で吹き込んだものや、友人や仲間との「Ｑ＆Ａ」を録音したものを、移動時間などに再生して聴くために使います。

最近では、出来合いのコンテンツがＣＤなどでいろいろ売られていますが、親子や勉強仲間同士で「Ｑ＆Ａ」をやることも少なくないでしょう。ですから、それを録音してオリジナルなコンテンツとして残さないのは、とてももったいない話です。親子や仲間同士の「かけひき」や「反応」が入るので、笑いながら頭に入っていくこと請け合いです。

ちなみに私は、娘の中学受験で、倍速再生が可能なソニーの録音・再生機を使って、大きな成果を上げました。

具体的には、娘の教材中の重要ポイントを私が音読したものや、私と娘でやった「Ｑ＆Ａ」をカセット・テープに吹き込んでおいて、塾への送り迎えの車の中などで、二人で笑いながら聴きました。また、娘が勉強の途中で眠くなったときは、それを倍速で再生して聴かせ、「活」を入れていました。

私自身も経済学を勉強したときは、講義テープを買い、最初は通常速で、二度目は倍速で聴いて、時間の節約と脳の活性化を図りました。

【ポータブル・プレイヤー】

「聴いて学ぶ」効果を最大限に生かすには、部屋の中でじっと聴いているだけでは不十分です。ポータブル・プレイヤーで、移動しながらも学ぶのです。

iPodなどのポータブル・プレイヤーは、今や単に音楽を楽しむだけのツールではなく、「勉強の必須アイテム」だと言っても過言ではありません。語学の学習はもちろん、最近では、それ以外のジャンルの書籍にも、CDが添付されることが多くなりました（ちなみに拙著『中学受験ＢＩＢＬＥ』にも、通常速と倍速の入ったCDが付いています）。

このようなCDをポータブル・プレイヤーにどんどん取り込み、通勤・通学時に聴く習慣をつければ、その効果は計り知れません。

これは決して、私の個人的な体験だけに基づくものではありません。「聴覚による情報のインプットは、視覚による情報インプットよりも頭脳を活性化させて、はるかに効率的だ」という趣旨の指摘を、脳科学者の板倉徹《いたくらとおる》教授（和歌山県立医科大学脳神経外科）がしていらっしゃいます。

実際、私も司法試験を受験していた頃は、ウォークマンで講義テープを聴きながら移動したり、ときには歩きながら聴くために、わざわざ散歩に出たりもしました。移動中、視覚から入ってくる景色と聴覚から入ってくる学習情報が頭の中でリンクされて、記憶の効率がさらによくなるからです。その効果たるや抜群で、実は、私は司法試験の受験科目の恩師の顔を、半分以上知らないのです（つまり、聴覚教材だけで終わらせた科目の方が多かったということです……）。

【酸素】

最近では、楽天やアマゾンなどでも「酸素缶」が買えますが、私が最初に酸素に注目したのは、初めて司法試験の論文試験を受けたときでした。「酸素は脳の栄養分」なので、「これで厳しい論文試験を乗り切ろう」と考え、試験会場に酸素缶を持参しました。当時は大々的に売られていませんでしたが、それほど高価でなくて助かったのを覚えています。

中学受験のときの娘は、松下電器（現・パナソニック）製の『酸素エアチャージャー』（現在は生産終了）で酸素を吸わせながら仮眠をとらせ、学校での疲労からの回復を待って、勉強を始めさせました。

私自身も、『酸素エアチャージャー』を使いながらこの原稿を書きました。

【ブドウ糖】

ブドウ糖も、脳を活性化させる栄養分です。したがって、常に補っておく方が効果的に学習が進みます。

人によって好みがあるでしょうが、私は、スティック状になっているブドウ糖の顆粒をいつも持ち歩いています。また、机の上には小粒のチョコレートを常備しています。

糖分は、脳の栄養になるだけではなく「セロトニン」という脳内分泌物質を作り、イライラ感や焦燥感を抑える効果があります。きちんと補給することをお勧めします。

【速読ソフト】

多くの勉強をこなさなければならないときは、当然、読むスピードが大切になります。もちろん、速く読んだからといって、内容が頭を素通りしてしまっては意味がありません。「内容を理解し、記憶に定着させつつ、ある程度以上のスピードでテキストを読みたい」というニーズに応えるツールが、速読ソフトです。

私はこれまで、何種類もの速読ソフトを試してみました。率直な感想として、使ってみる価値はあると思います。

どのソフトにも、似たような基礎的なトレーニングがあって、それをやるだけでも眼球を効率的に動かす訓練になります。実際、私の読書スピードが速いのは、速読ソフトのおかげによるところもかなりあるはずです。

中学受験の勉強をしていた娘にも、毎朝、勉強に取りかかる前に、速読の基礎的トレーニングをやらせました。彼女の模試の成績は、国語が最もよく、安定していたので、ある程度の効果があったものと考えています。

速読と勉強の成果については、なかなか因果関係を細かく実証できませんが、私と娘の実感では、一定の効果はあります。最近は安いソフトも多く、試す価値はあるでしょう。

【瞑想用CD】

私はこれまで、多くの「瞑想用CD」を試してみました。瞑想用CDとは、聞こえてくるナレーションに合わせて脱力したり、心地よい空想をしたりするというもので、『瞑想へのいざない』(PHP研究所)など、いろいろなものが市販されています。私にとっては、おおむねどれも効果的でした。

時間の長いCDは、とても疲れたときに楽な姿勢で聴くと、それだけでかなり疲労が回復します。疲労度が少ない場合は、10分程度のものを目を閉じて聴くだけでも、十分な気分転換の効果があります。また、対人関係でイライラしたときや、焦りで心が落ち着かないとき、精神の安定を取り戻すのにも大いに役立ちます。

この瞑想用CDをポータブル・プレイヤーに入れ、ヘッドフォンで聴けば、気分転換や疲労回復、精神安定の効果が、どこでも手軽に得られるようになります。

【エナジーライト】

私は、太陽光とほぼ同じ光を顔に当てて「目覚め効果」を高める『エナジーライト』（フィリップス社、現在は国内販売終了）という製品を購入し、いい目覚めを得るための実験を自分でしてみました。その結果、朝の起床時に20分間、近距離でエナジーライトに当たると、確かにはっきりと目覚められる——ということがわかりました。

F1チームをはじめ、多くの人が、時差の調整のためにこれを使っているようですが、むしろ「夜型から朝型への転換」や「冬場の起床時」に利用すれば効果的です。ただ、ライトが少しずつ明るくなる工夫があった方がいいのと、内蔵タイマーが付いている方が便利だという点に、改善の余地があるかもしれません。

以上が、私がお勧めする「本来的ではない勉強道具」の数々です。

道具に凝りすぎるのは逆効果だ

勉強道具は、筆記用具一つをとっても、日々どんどん新しいものが開発され、商品化されています。

ですから、新しい商品の情報をいち早くつかんで学習効率を上げれば、最短で目標をクリアしやすくなるでしょう。そのため、常にアンテナを張り巡らせて、「役に立つ道具が出ていないかどうか」と気を配る姿勢が大切になるのです。

私は、『日経トレンディ』（日経BP社）や『DIME』（小学館）といった雑誌を欠かさず購入し、付箋を片手に、短時間でスキャニング（ざっと読むこと）をしています。そして、付箋を貼ったものを、後でインターネットで再確認します。ただし、衝動買いをしないよう、購入する場合は、少し期間を置いてから買うようにしています。

この章では、いろいろ具体的なものを挙げて、「使える勉強道具」を紹介してきます。

した。どれも、読者の皆さんの多くに、かなり役に立つはずだという自信があります。

ただし私は、ITをはじめとする技術にはさほど詳しくありませんので、IT関連で、まだまだ使えるツールは他にもたくさんあると思います。

ここで注意しておきますと、**「ツールの準備に時間をかけすぎないこと」や「道具に凝《こ》りすぎないこと」が、何よりも重要です**（その点は、本来的な勉強道具でも、本来的ではない勉強道具でも同じです）。

いくらカッコいいツールを使おうとしても、準備ばかりに手間や時間がかかってしまっては、まったく意味がありません。また、そういう準備をしただけで勉強をしたような錯覚を起こすのは最悪です。そうなったら、まさに「本末転倒」と言えるでしょう。

ルール03 強力な勉強仲間を作ろう

中学受験や大学受験、はたまた社会人向けの資格試験の受験でも、「いい勉強仲間」を作ることには、とても重要な意味があります。実力がもう一つでも、「いい仲間」に恵まれたおかげで合格することもあれば、十分な実力があるのに、「悪しき仲間」に引きずられて合格にたどり着かないこともあるのです。

この章では、そんな勉強仲間の重要性について、説明していきます。

「自由貿易は必ず両国の利益になる」という鉄則

「あれ、自由貿易？　経済学の話かよ？」

と、右の小見出しを見て思った方がいらっしゃるかもしれませんが、実は、これは勉強にも十分当てはまる法則なのです。

「自由貿易は必ず両国の利益になる」というのはマクロ経済学の常識なのですが、いかんせん、官僚による過保護行政が続いているわが国では、経済学の常識も、意外に「そんな非常識な！」と受け取られてしまうかもしれません（中には、「自由貿易」という言葉を聞いただけで、アレルギー反応を起こす人もいるかもしれません）。

そこで、まず、「自由貿易は必ず両国の利益になる」という原則を簡単に説明します。

具体例として、A国とB国という二つの国を考えてみましょう。

A国では、1日当たり、100人で車を10台生産することができ、同時に別の100人で小麦5トンを生産することができるとします。

貿易というものをまったく行わなければ、A国は、200人で、車10台と小麦5トンを生産することになります。

一方のB国では、1日当たり、100人で車を5台生産することができ、同時に別の100人で小麦10トンを生産することができるとしましょう。

そして、A国とB国が貿易をするとします。

このとき、車の生産が得意なA国は車の生産に専念し、小麦の生産が得意なB国は小麦の生産に専念したとします。そうすると、A国では200人で車20台を生産し、B国では200人で小麦20トンを生産することができます。A国とB国を合計すると、1日に400人で車20台と小麦20トンを生産できることになります。

これに対し、貿易をする前のA国とB国の合計は、400人で車15台と小麦15トンを生産できるというものでした。つまり、貿易によって、両国合わせて車は5台、小麦は5トンも多く生産できるようになったわけです。両国にとって、利益の絶対数（総余剰《そうよじょう》と言います）が増加しているのです。

やり手弁護士は、なぜ仕事の遅いタイピストを雇うのか

では、次に応用問題を考えてください。

A国は同じように、1日当たり、100人で車を10台、別の100人で小麦5トンを生産するとします。B国は存在せず、そのかわり、C国という国があります。C国では、1日当たり、100人で車を5台、別の100人で小麦4トンしか生産できないと仮定します。

この場合、A国にとって、車でも小麦でも生産能力の劣るC国と貿易を行うのは、利益になるのでしょうか？

結論から言うと、このような場合でも、貿易は両国に利益をもたらします。

A国の200人が車の生産に専念すれば、1日に20台の車が生産でき、C国の200人が小麦の生産に専念すれば、1日に8トンの小麦が生産できます。このとき、A国とC国を合計すると、車は20台、小麦は8トン生産されます。

貿易する前の両国の生産を合計すると、車が15台、小麦が9トンでした。したがっ

て、貿易によって、車が5台増加して、小麦は1トン減少することになります。ただし、通常、小麦1トンの値段よりも車5台の値段の方がはるかに高いので、この場合も総余剰は増加します。

これは「比較優位の原則」と言って、「1時間100ドル稼ぐやり手の弁護士が、1時間10ドルの時給で、自分よりタイプを打つ速度の遅いタイピストをわざわざ雇うこと」の合理性の説明として、経済学の教科書によく出てきます。

この場合、タイピストがタイプを打つのに、弁護士が打つときの10倍も時間がかかれば話は別ですが、2倍程度であれば、弁護士は、タイプを打つのに犠牲にする時間を弁護士活動に専念した方が、はるかに利益が上がるのです。何と言っても、弁護士が6分間タイプを打たねばならないとしたら、10ドルの費用がかかるのに対して、タイピストが同じ分量を12分かけて打ったとしても、2ドルの費用がかかるだけなのですから。

「勉強の自由貿易」の効果は無限に広がる

経済の話になりましたが、こういう「自由貿易の効果」は、勉強の場合でも間違いなく存在するのです。

つまり、**勉強仲間を貿易の相手と考えるのです。すると、協力することによって、お互いの得意分野と不得意分野を補い合い、また、持っている教材を融通し合うことなどによって、一人きりで勉強している場合よりも、必ず効率が上がります。**

仮に、相手がすべての科目で自分より点数が低くても、それぞれが持っている情報を交換するだけで、ゼロから情報収集をする時間が節約できるのです。

さらに、勉強するときに仲間を作ることは、さきほどの自由貿易理論をはるかに超える効果があります。

それは、勉強における情報や学習内容は、経済学で言う「有限な財」ではないので、誰かに教えても、自分の「持ち分」が減少することがない——ということです。

有限な財の貿易をすれば、差引勘定（先のA国とC国の例で言うと、車5台と小麦1トンの差引勘定のような）をしなければなりませんが、勉強の貿易は、常にプラスをもたらします。

こんな説明を聞くと、中にはこう思う人がいるかもしれません。

「勉強の情報交換では、物質的な財は失われないかもしれないけど、『人に情報を教えている時間』という財が失われるんじゃないの？」

いい突っ込みです。

この点について、私は以下のように考えています。

勉強においては、教わっている側だけが一方的に勉強しているわけではありません。実は、**最も効果的な勉強法の一つは、「誰かに教えること」なのです。人に教えることによって、自分の理解度や記憶力は大きく伸びます。**したがって、その間に費やされる時間コストは、教えている側の方がはるかに低いのです。

勉強仲間に対し、一方的に教えてあげているだけで、自分の勉強効率が飛躍的に伸びるのですから、「教わってくれている」相手に感謝しなければならないくらいです。例外的に、教わる方が「こんなのは時間のムダだ」と思う場合のみ、双方の利益が向上するという原則が破られますが、短時間であれば、それはまれなことではないでしょうか（ですから、わからない話を延々と聞く必要はまったくありません）。

このように、知識や情報は、誰かに授ければなくなるものではなく、かえって当事者の双方にとって、頭の整理や知的な成長の糧となるのです。こうして、「教える／教えられる」という行為によって、利益は無限に広がっていきます。

ユニークな数学塾の貴重な教え

大学受験のとき、私の最も得意な科目は数学でした。それは、当時通っていた数学の塾が、実にユニークな教え方をしてくれたおかげでもありました。

その数学の塾には、私を含めて5〜6人の生徒がいました。塾に着いて教室に入ると、机の上に、問題が5問くらい書かれた紙が置いてあります。それを、私たち生徒が解いていくのですが、生徒たちが問題に取り組んでいる間、先生は教室に入ってきませんでした。当然、生徒たちはあれこれと相談して、何とか正解を見つけ出そうとします。

そんな調子で2時間くらいコソコソとやっていると、最後に先生が出てきて全員のノートを見ていきます。先生がチェックするポイントは、解答が正しいかどうかではなく、「解答を導くプロセスがしっかり書けているかどうか」でした。

この先生の口癖は、「問題の解き方がわからない生徒が見ても、きちんと理解できるようになる答案を書きなさい」でした。そして、答えが正しかろうが正しくなかろうが、そこまでのプロセスだけをサラリとチェックしたらそれでおしまい（！）だったのです。

当時は、「こんなことで数学ができるようになるのだろうか……」と不安を感じたものですが、今にして思えば、似たようなレベルの生徒たちに、2時間も頭を突き合わさせてコソコソと相談させることが先生の狙いだったのでしょう。仲間同士、あれやこれやと「助け合い」や「自慢」や「落ち込み」を繰り返して解答を探していくプロセスの中で、私たち生徒の数学の実力は、確実に伸びていったのです。

仲間との「助け合い＝教え合い」が絶大な効果を発揮した例でした。

このように、勉強仲間と協力関係を築いて勉強を進めていった方が、はるかに合理的に、合格や高得点という目標に近づくことができます。特に、口頭でのQ＆Aやさまざまな情報交換、資料をお互いに融通し合うなど、一見小さなことに思える助け合いの積み重ねでも、結果として絶大な威力を発揮します。

ただし、一つ注意しなければならないことがあります。仲間のフリをして、足を引っ張ろうとする輩《やから》がいるということです。

こういう「仲間のフリをした敵」と組んでしまうと、共に沈没してしまいます。よく、小学校の「お受験」生や中学受験生の親たちが集まった場所で、わざとウソの情報を流して周囲を混乱させる親がいると聞きます。そういう事態になると、足の引っ張り合いという無益な行為のために、本来やらなければならないことに充《あ》てるべき時間や労力を無駄遣いすることになってしまいます。

「助け合えば共に合格し、足を引っ張り合えば共に失敗する」

私はいつもこう言っていますが、それにはこのような背景があるのです。

「傷のなめ合い仲間」は勉強仲間ではない

私は、当時としてはきわめて異例の短期間で、しかも予備校の成績もかなりの上位をキープして、司法試験に合格しました。

その大きな理由は、黙々と1日12時間以上の勉強を継続したことと同時に、それを支えてくれた素晴らしき勉強仲間たちがいたことだったと思います。

私は、当時の司法試験受験生としては、珍しく「営業職」を経験した脱サラだったせいか、予備校のゼミなどを通じてわりとスムーズに人間関係を築き、たくさんの友人を作ることができました。中でも、東大の図書館に毎日通ってくる勉強仲間たちとは、昼食時に「Q&A」をやったり、有益な情報を交換し合ったりして、真剣に助け合いました。

その結果、数年後には、図書館の勉強仲間全員が受験生活から解放されるという、嬉しい結果になりました。

非常に生産的な集まりだったと言えるでしょう。

しかし、それとは逆に、司法試験の受験界には、業界用語（今でもあるかどうかはわかりませんが）でいう「傷のなめ合い仲間」たちがたくさんいました。彼らは、試験に失敗するたびに、法務省の方針を批判したり、「出題された問題がおかしい」と怒ってみたりと、とにもかくにも自分たちを正当化するための責任転嫁が好きな人たちのグループでした。

確かに、失敗したとき、

「君が合格しなかったのは、君に実力がなかったからじゃない。法務省が若手に有利な問題を作ったせいなのだ。本来だったら、君はとっくの昔に受かっていたはずだ」

と言われれば、とりあえずは慰められます。

しかし、そういう安易な言葉で自分の心を慰めるのは、不合格を知ったその日だけにしておくべきでしょう。

実は、私自身、勉強を開始して10ヵ月後に受けた論文試験に落ちたときは、相当のショックを受けたものでした（脱サラで年齢が行っていたことと、仮に10ヵ月であっても、毎日必死に勉強してきたという自覚があったことが理由です)。そして、「この合格発表は間違いだ!」と考えたり、「2〜3日後には『合格発表漏れでした』という通知が法務省から送られてくるのではないか」と真剣に思い込んだりして、夜の法務省から日比谷公園あたりをあてもなくウロウロと歩き回ったものでした。

そのときは、2〜3時間は意識もうつろな状態で歩いていたように思います。しかし、そうこうしているうちに、次第に冷静になって、

「(論文試験の前の第一関門である)択一試験で不合格だった連中は、とっくに来年に向けてスタートを切っている。今日だけは不合格を嘆いていてもいいが、明日には態勢を立て直さないと、彼らに後れをとってしまう」

と、強いて考えるように努めました。そして、翌日にはすぐ、予備校の残念講座(?)に足を運びました。

試験に落ちてつらく思わない人はいません。その気持ちは、受験の回数とも関係がありませんし、当時の私のように「他の受験生より年齢が上である」など、各自の置かれた状況によって、いろいろなつらさになるものです。

会社勤めをしていたときの私は、名刺を出せば、どこでもそれなりに扱ってもらえ

た立場だったので、司法試験浪人になってからは、職業を聞かれたり書かされたりするのがつらくて仕方がありませんでした。その状態がまた来年まで続くのかと思うと、「本当に俺は紙クズ同然の価値しかないのではないか……」などとも思いました。

しかし、**再チャレンジをするのであれば、できるだけ早く心のモードを切り替えなければ、次回の合格は絶対に望めません。ダメな人たちと仲間になって、試験問題の批判などをして傷をなめ合うなど、もってのほかです。**なぜなら、次回の試験までの日数は、その間も確実に減少しているのですから……。

これは、大学入試などに関しても、同じようなことが言えます。模擬試験で悪い点数しか取れないと、本当にあきらめてしまいたくなるものです。しかし、つらい気持ちから早く立ち直って、自分自身と向かい合って敗因をしっかりと分析しないと、志望校合格への扉は遠ざかっていくばかりです。

くれぐれも、「傷のなめ合い」という甘くて危険な罠に惑わされないようにしましょう。

戦友は生涯の友になる

私は、田舎の無名高校から東大に入学したので、大学内では、いわゆる「戦友」と呼べる受験仲間があまりいませんでした。

しかし、司法試験の受験を共に戦った「戦友」はたくさんいます。弁護士になってから最も信頼を置き、また、私自身が病気に倒れてしまうという非常事態を救ってくれたのは、そんな「戦友」の一人でした。私は彼に、一生頭が上がらないほどの恩義がありますが、仮に逆の立場であっても、きっと私は彼に手を差し伸べていたと思います。

司法研修所の卒業試験を共に戦った実務修習時代の同期も、ある種の「戦友」です。今でも、困ったことがあると相談や情報交換をしています。

このように、受験勉強を通じて培った信頼関係は、その後の人生において実に貴重な財産になります。そういう意味でも、**よき勉強仲間というのは、合格への原動力になるだけでなく、人生そのものにとっても非常に大切な存在になるのです。**

助け合えばみんな受かり、貶め合えばみんな落ちる

このように、勉強仲間がいた方が、資格試験や入学試験に合格する上で、とても有利であることは間違いありません。

しかし、特に社会人の場合、一応は大人としての付き合いをするのですから、それなりのマナーを守らないと、仲間たちはどんどん離れていってしまいます。難しいことではありません。「相手の立場と時間を尊重し、決して無理強いをしない」という原則さえ守っていればいいのです。

仲間で飲み会にいくような場合でも、帰りたがる人を無理やり引き止めたり、無理強いして飲ませたりするのは、少なくとも「勉強仲間」の間では控えましょう。翌日の勉強に響いたら大変です。下手をすると大いに恨まれます。

その辺を配慮して、「お互い勉強している身なのだから……」と全員が自覚していれば、強力な「助け合い集団」ができるはずです。大切なことなので繰り返しますが、「助け合えばみんな受かり、貶《おとし》め合えばみんな落ちる」というのは、中学受験に

ついてのブログをはじめ、私があちこちで再三書いている鉄則です。

最速勉強法ベーシック・スキル

国語編

現代国語には、れっきとした「解法」がある

国語という科目には、大学受験だと、「現代国語」と「古典」が含まれ、古典はさらに「古文」と「漢文」に分かれているのが一般的です。

国語と一括《ひとくく》りにされてはいますが、後で述べるように、現代国語と古典とはまったく異なった科目です。その点を認識していないと、とんでもないことになります。

まず、大学受験の現代国語の勉強法を紹介しましょう。ちなみにその方法は、中学受験においても十分通用するものです。

よく、「現代国語は勉強のやり方がわからない」とか「勉強するだけムダ」、さ

らには「たくさんの読書をするしかない」……などという俗説がまかり通っています。しかし、それらは完全な間違いです。現代国語にもしっかりとした「勉強法」があり、「解法」があります。それらをマスターすれば、安定的に高得点が期待できるのです。

実は、私は、高校3年生まで、現代国語を大の苦手としていました。田舎の公立の中学・高校では、現代国語で、5段階評価の「5」をもらったことはたった一度しかありません。数学は得意でしたが、現代国語は「天敵」のような存在で、高校3年生の私にとって、ものすごい「お荷物」になっていました。しかし、私がめざしていた東大の文科系の試験は、数学の配点がたったの80点なのに対し、国語は120点と大きな配点になっていました。

そこで私は、何とか現代国語を克服しようと、試験のわずか1ヵ月前に、ようやく攻略法を編み出します。そのおかげで、かろうじて滑り込みセーフで合格……どころか、一転して現代国語が大きな得点源になってしまったのです。

その現代国語攻略法のポイントを、以下に説明します。

①まず、大学入試の現代国語では、受験生の読書量や感性などは、まったくと言っていいほど問われません。だいたい、どうすればたった一回のペーパーテストで、人の読書量や感性を試すことができましょう。
現代国語の問題は、感性ではなく、「問題文の中から、設問が問う部分をしっかりととらえることができるか」を試しているのです。いわば「宝探し」のようなもので、以前から受験生の間で言われていた「答えは問題文の中にある」という原則が、そのまま当てはまります。

②次に、現代国語は「論説文」と「物語文」に大きく分けることができます。中学入試では「物語文」の比率が高いのですが、大学入試だと「論説文」の比率が高くなります。これは、成長に合わせて、大学生が備えているべき抽象的思考力を見る狙いがあるからです。
「論説文」では、まず、文章から「結論」と「理由」を探し出すように努めましょう。それができればほぼ大丈夫で、さらに結論や理由の根拠となっている「事実の記述」や、筆者の結論に対する「反対説」まで探し出せれば、

探す作業はほぼ完璧にできたと言えます。

「物語文」では、登場人物の「心情」が、問題文の最初と最後でどのように変化したか、そしてその「きっかけ」は何なのか……といったところが把握できれば十分でしょう。

③

さて、以上のような作業がしっかりできれば、択一式の問題であれば、ほぼ正解することが可能でしょう。

論述式の場合は、問題文から解答になる箇所が抜き取れるのであれば、いちばんいいのですが、それができない問題が出ることもあります。そのような場合でも、慌てることはありません。文法の間違いがない文章をきちんと書いて、問題文の中にある「キーワード」をしっかり入れ込んでいけば、立派な解答が書けるはずです。

論述式の解答を書く場合に肝心なのは、「決して問題文から離れないようにすること」です。自分独自の言葉で表現しようなどという大それた考えさえ起こさなければ、論述式の解答などちっとも怖くありません。

以上のように、現代国語にはれっきとした解法があるのです。それを意識しながら過去問を何度も解いていけば、現代国語を制覇することは、さほど困難ではありません。

次に、古典の勉強について説明します。

古典には古文と漢文がありますが、漢文の方が圧倒的にマスターするのに手間がかかりません。漢文独特のルールと時代背景を知り、後は問題演習を重ねていけば、たいていは解けるようになります。

それに対して、古文では、「文法」を完璧に暗記しておかないと、大失点を食らう可能性があります。たまに、「古文も日本語なのだから、よく読めば理解できる」などと言う人がいますが、大間違いです。そのような邪教（？）を信じてしまうと、古文の世界では完全な迷子になってしまいます。

はっきり申し上げておきましょう。古文や漢文を勉強するときは、日本語だと思ってはいけません。「外国語の学習だ」と割り切るのです。

現代文の知識だけで解けるような問題を、出題者が古文として出題することはまずありえません。古文を現代文的に解釈してしまうと、出題者の仕掛けた罠に思いっきりはまってしまうことになるのです。

ちなみに、私の現代国語の成績は、高校時代を通じて悲惨としか言いようのないものでしたが、古典では学校内で飛び抜けた好成績を収めていました。模擬試験を受けるたびに、現代国語で大沈没しかけた国語の偏差値を、いつも再浮上させてくれたのが古典だったのです。これも「古典は外国語だ」と割り切って勉強したおかげだと思っています。

ルール04
「試験を目標にする」のはとても効果的だ

毎年3月になると、書店にNHKテレビ講座やラジオ講座のテキストが山積みになりますね。

そして、これらがまたよく売れているようです。「3月に発売する4月号だけで、年間売上高の半分くらい行っているのではないか？」と、私などは思ってしまいます。「4月＝新年度の始まり＝新たな決意」の構図で、気持ちを新たにして勉強を始める、意欲に燃えた人たちがとても多いということでしょう。

私の学生時代の友人で、ほとんど大学に出てこない人物がおりました。彼が大学に姿を現すのは、学期末の試験前と、4月の最初の1週間だけでした。期末試験の前に、大慌てでノートのコピーを集めまくって、何とか試験を乗り切った後、翌年度に入った4月の最初の講義にはしっかり出てくるのです。そして、こう言うのでした。「いや〜、もう試験前に慌てるのはこりごりだ。これからは真面目に講義に出席するよ」

ところが、きっかり1週間たつと、友人は再び大学から姿を消してしまいます。大学2年生の春には彼の言葉を信じていた私も、4年生の春に彼が現れて同じことを言うと、「また春の病が始まったな」と思いました。案の定、またも彼は1週間で出てこなくなりました。

このように、**人間とは、「新しい年（年度）が始まるから頑張ろう」と簡単に決意しやすいものですし、また、その決意はいとも簡単に挫折しがちなものなのです。**

現に、書店の一番目立つ場所に置かれていたNHKの講座のテキストも、6月くらいから、雑誌コーナーの所定の位置に移され始めるようです。つまり、多かれ少なかれ、「春の病」にかかる人が想像以上に多いということです。

実は、私も人のことは言えません。年末近くには、あれこれと手帳を買うという「病」にとりつかれますし、4月になると、やはりNHKのテキストをしっかり買ってしまいます。

では、そうやってやる気になった気持ちを、どう保てばいいのでしょうか。そんな、勉強のインセンティブを継続させる私なりの方法を、以下に書いてみたいと思います。

まず「試験を受ける」と決めてしまう

かつて学生時代、後に法務大臣も務められた三ケ月《みかづき》章《あきら》教授の「民事訴訟法」の授業を受けようと思って、最初の講義に出席したときのことです。三ケ月教授が開口一番、次のようにおっしゃったのを、私は鮮烈に覚えています。

「諸君の中には、行政訴訟の基本を身につけるために、この民事訴訟法の講義だけを受けて、試験は受けないつもりの学生が多いと思う。しかし、そのような考えは、即刻改めてほしい。講義を受ける以上は、必ず学内試験を受けてほしい。

勉強というものは、試験を受けるつもりでやるかどうかで、その成果に大きな違いが出る。講義だけ受けて試験を受けないのでは、講義の効果は半分にもならない。せっかく時間を割いて講義を受けるのであれば、ぜひとも試験を受けなさい。私は、試験を受ける人のために講義するつもりだ。司法試験を受けることも強く勧める」

教授がこうおっしゃった背景を簡単に説明します。

当時の東大法学部では、国家公務員試験だけを受験するつもりの学生の中には、民事訴訟法の単位が必修でないコースをとって、ボリュームのある民事訴訟法の試験を受けない者が多かったのです。ただ、国家公務員試験の最重要科目である行政法の「行政訴訟」は、ベースが民事訴訟法にあり、行政法で高得点を取るためには、民事訴訟法の素養が必要でした。そのため、「民事訴訟法の講義は受けるけれども、試験までは受けない」という学生が、かなり多くいたのです。

三ケ月教授の言葉を聞いて、怠惰でかつ素直な学生だった私は、民事訴訟法の講義に出席しなくなりました。「講義だけ聴いてすませようと思っていたのに、試験まで受けたくないや」と思ったのです。要は、教授のお話を、自分自身に対する「出席しなくてもいい」という口実にしてしまっただけなのですが……。

しかし、今から考えると、三ケ月教授のお話が的を射たものだったということが、嫌というほどよくわかります。「試験でいい成績を取ろう」と思うと、それがインセンティブになって、真面目に講義にも出席し、予習・復習も継続できるのです。

逆に考えると、「試験」という目標がなければ、授業開始から1ヵ月もたてば、多くの学生から学習のインセンティブなど消えてしまいます。その結果、彼らはただ何となく出席だけするようになり、やがて教室から姿を消していくことにもなるでしょう。

このように、**何かを勉強しようとするときには、「決まった日に行われる試験を受験しなければならない状況」に自分を置いてしまうのが、最も手っ取り早い方法です。**英語の力を伸ばしたいのなら、TOEICや英検の願書を提出してしまうのです。

他にも、「ビジネス実務法務検定」「経済学検定」「数学検定」「漢字能力検定」……などなど、さまざまな分野についての試験が、今では、たくさんありすぎるくらい揃っています。それらをまず受けることにするのです。もちろん、司法書士試験や公認会計士試験などの資格試験を受験する場合でも、決意した段階で、最速で受験手続きをしてしまいましょう（その年の願書受け付けが終わっていれば、翌年になりますが）。

すると、期限である試験日と、こなすべき勉強内容が明確になり、「やらなければ」という気持ちが、少なくとも試験日までは続きます。

46歳で受けたTOEICと経済学検定

実は、私自身、身体を壊してしばらく療養生活をしているとき、46歳にして生まれて初めてTOEICを受験しました。

当時、私は自宅で療養しながら、娘の中学受験の勉強を見ていましたが、正直なところ、ある種の焦りのような気持ちを感じていました。その中で、「英語力はこれからの時代、どんな立場の人間にも必須だ」と考え、少しでも生産的なことをやろうと思ったのです。

しかし私は、大学受験のとき以来、英語をまともに勉強したことがありませんでした。試験も、銀行に勤めていた28年前に、定例の英語の試験を受けたのと、野村投信へ転職した後、やはり社内の英語の試験を受けたきりです。約20年間はまったく英語と無縁の生活をしており、日本語の「文語体」で書かれた法律の条文を読んでばかりでした。

こんなふうに説明しますと、

「ずいぶん言い訳が長いけど、そんなに成績が悪かったの？」

という質問が飛んできそうですね。

結論から申しますと、スコアは695点でした。自分では、待ち時間も含めて3時間以上も外部で試験を受けられるようになるまでに体調が回復したことを喜び（もっとも試験中に吐き気を催してソルマックを飲みましたが）、また、この年齢で初回に700点（マイナス5点）を取れたことで満足しておりました。

ところが、私の友人たちに点数を話すと、

「お前って案外、頭悪いんだな」

と、グサリと胸に突き刺さるような言葉を浴びせてくるではありませんか。

よくよく聞いてみると、毎回、あるいは頻繁にＴＯＥＩＣを受けるよう社員に義務づけている会社に勤める友人は、受験を繰り返すうちに、次第にコツがわかってどんどん成績が伸び、９６０点を取ったということでした。また、海外勤務の長かった別の友人は、何の対策もせずに受験して、軽く９００点を超えたそうです。

そこまでのレベルには達しませんでしたが、それでも私は、受験する1ヵ月あまり前から、娘の勉強を見ることを優先しつつも、しっかりとＴＯＥＩＣの直前対策本やら問題集やらを買ってきて、「受験しなければ絶対にやらなかったであろう程度の英語の勉強」はしたつもりです。某「直前対策本」など、3回も回しました（ちなみにその本では、「本試験の問題文に一度答えを書き込むように」と指導していましたが、私が受けた本試験は「問題用紙への書き込み禁止」になっていたため、少し戸惑ってしまいました……）。

そのおかげか、ＴＯＥＩＣ受験後は、英字新聞を大ざっぱには読めるようになりました。

もし、私がＴＯＥＩＣを受験せず、その勉強もしていなかったら、こんなに急速に英語の力は向上しなかったでしょう。ＴＯＥＩＣはほぼ毎月行われていますから、願書を出してしまえば、猶予期間はせいぜい２ヵ月くらいです。すべての時間を英語の勉強に充てることはできなくとも、他の勉強よりも英語の勉強を優先しようという気持ちはキープできます。

同じように私は、経済学検定試験の受験も申し込んで、試験の前までに、何とか「マクロ経済学」と「ミクロ経済学」を突貫工事で仕上げました。この試験は、前日にやむを得ぬアクシデントが生じたために受けられませんでしたが、本気で受験するつもりで勉強したので、今でも、マクロ経済学の計算問題の解き方や、高校で習わなかったミクロ経済学の偏微分のやり方も覚えています。

長々と私自身のことを書いてしまいましたが、要するに、「試験を受けることによってインセンティブを高めれば、学習を続ける効果は格段に上がる」と覚えておいてください。

学歴と頭のよさはまったく関係ない！

私がこのように言いましても、読者の皆さんの中には、

「目標を持てば勉強のインセンティブになると言われても、自分はもう年だから……」

とか、

「荘司は東大を出て司法試験まで受かっているんだから、同じことはできないよ」

などと反論する方がいらっしゃるのではないでしょうか？

しかし、本書に書かれたことをきちんと実践すれば、必ず勉強の成果を上げることができると私は保証します。自分自身で限界を設定しない限り——です。

そう。後で詳しく述べますが、**勉強の最大の妨げは、「自分自身が設定する限界」**

なのです。自分に限界があると思ってしまっては、能力は伸びません。

昔は、「記憶力は20歳頃がピークで、それ以降は落ちるだけ」というのが定説でした。

しかし、最新の脳科学では、「年齢とともに脳細胞は死んでいくものの、学習によって、何歳になっても、脳細胞をつなぐ神経細胞であるニューロンの数は増え、年齢にかかわらず記憶力が向上する」というのが通説になっています。

現に、英文学者の渡部昇一《わたなべしょういち》先生は、60歳を過ぎてから記憶力が向上したそうです。

年齢や過去の実績は、勉強の結果を左右するものではありません。

ただし、次のような反論があることも予想されます。

「しかし、いくら勉強と過去の実績は関係ないと言われても、現実には、有名大学を出ている人の方が、同じ試験を受けてもいい成績を取ることが多いじゃないか」

なるほど。これは、とてもいい反論です。

確かに司法試験の合格者などを見ても、上位には、いわゆる有名大学の学生や出身者が並んでいます。それを考えれば、さきほどの反論はもっともなように聞こえますし、現実の結果がその裏づけになっています。

私も、「有名大学出身者が各種の資格試験などで上位にランクインする」という結果を否定するつもりは毛頭ありません。しかし、この結果から「有名大学出身者は頭がいい」などと結論づけるようなことは、決してしません。

真相を言いましょう。「有名大学出身者」の多くは、頭がいいのではなく、「効率的な勉強方法を知っている」だけなのです。

本当の意味での「才能」が必要なのは、オリンピックで金メダルを取るレベルのアスリートなどの話です。そういうすさまじい世界に比べれば、年間何百人も合格者が出るような資格試験や入学試験、はたまた点数を競うＴＯＥＩＣや英検などの試験で、才能など必要ありませんし、年齢も関係ありません。

実は私自身も、地元の公立中学校で「中の上」くらいの成績でした。運よく、私の高校受験の年から学校群制度が始まったおかげで、進学校の一つに滑り込むことができました。

ただし、進学校といっても田舎の高校ですから、東大合格者数は、それまでせいぜい4～5人くらい。さらに、皮肉にも私を救ってくれた学校群制度が、入学者のレベルを低下させました。

そんな私が、劣等感に悩みつつも、成績上位に食い込むために、あれこれと（本書で紹介しているような）勉強法を工夫し、それに従って勉強を進めた結果、その学校で6年ぶりに、東大文Ⅰへの現役合格者となったのです。ですから私自身、もともと地頭《じあたま》がいいわけでは決してありません。

今でも同窓会では「あのお前がなあ……」などと冷やかされる始末。そんな私が、あれこれ考えた勉強法ですから、本書を手に取った方のほとんどが「守備範囲」に入るはずです。

ルール05
「成功のイメージ」を潜在意識に刷り込もう

潜在意識の活用で効率はぐんとアップ

「潜在意識」という言葉を耳にしたことがある方は多いと思います。

これは、成功法則の大家、ジョセフ・マーフィー博士が最初に提唱した言葉で、「自分が成功しているイメージを潜在意識に刷り込むと、それが現実になる」とよく言われます。

しかし、潜在意識の科学的な解明は、まったくと言っていいほど進んでいないようです。そういうこともあって、何やら怪しいのではないかと疑う方もいらっしゃるかもしれません。そこで少し説明しますと、潜在意識は、かのフロイトが重視した「無意識」と同じようなものだと考えても、特に支障はないと思われます。

フロイトは、人間の心を、自分で意識している「意識」と、まったく意識できない「無意識」の部分に大きく分け、その中間帯に、何かのきっかけがあれば意識できる「前意識」があるとする考え方を打ち立てました。ユングも、フロイトとはいくらか異なってはいますが、「無意識」を認めています。

この章は、フロイトやユングの理論の説明を目的としたものではありませんし、私も精神分析の専門家ではないので詳しくは述べませんが、「潜在意識」という言葉にピンと来ない方は、「無意識」だと考えれば、すんなり受け入れられるのではないでしょうか。

たとえて言えば、水面上の「氷山の一角」が、自分で認識できる「意識」に当たり、「潜在意識」あるいは「無意識」は、水面下にある方の大きなかたまりの部分になります。後者は、心の中で、自らが意図的に認識できない領域です。この**潜在意識を活用することで、勉強の効率は大きくアップするのです。**

……などと言うと、

「そんなわけのわからない理論を持ち出されても困るじゃないか！」

とお怒りになる方がいらっしゃるかもしれません。

しかし、「潜在意識」を勉強に使うのは、難しいことでも何でもありません。時間もお金もほとんどかかりませんし、少なくとも私自身の経験では抜群の効果があったので、ぜひ紹介したいと思ったのです。

また、私が常々思っていることなのですが、現代人は科学や医学の到達点にいるのではなく、あくまで「科学の発達のプロセスのどこかにいるにすぎない」という謙虚な姿勢を持つべきです。つまり、「気のエネルギー」や「潜在意識」など、科学的に解明されていないものを完全否定してしまうのはあまりにも傲慢な態度であり、100年、200年先の人々から、かつて天動説を信じていた人たちと同じように見られるかもしれません。

このような理由から、「潜在意識」を活用した学習方法をいくつか紹介していきます。

学んだ知識を、頭の中で一度眠らせる

いろいろな勉強をしたり、さまざまなアイディアを考えたりしていて、何か「行き詰まり」を感じたときには、潜在意識を利用するいい解決法があります。それは、「学んだ内容を放り投げて、一晩眠らせてみる」ことです。

たとえば、数学の問題がどうしても解けないときや、法律の勉強をしていて理論的な理解ができないときは、一度、その分野を離れて別の分野の勉強をしましょう。そして、もう一度戻ってみて、それでもわからない部分についてはペンディングにしておき、その日は手をつけないでおきます。

すると、この部分は、頭の中で一晩ほど「寝かされる」ことになります。そうすると、ふとした拍子に夢の中に答えが現れたり、入浴中に「ひらめき」が生じたり……といったことがよく起こるのです。

たとえば、私は弁護士として、民事裁判で相手方が準備書面を送ってきたときは、

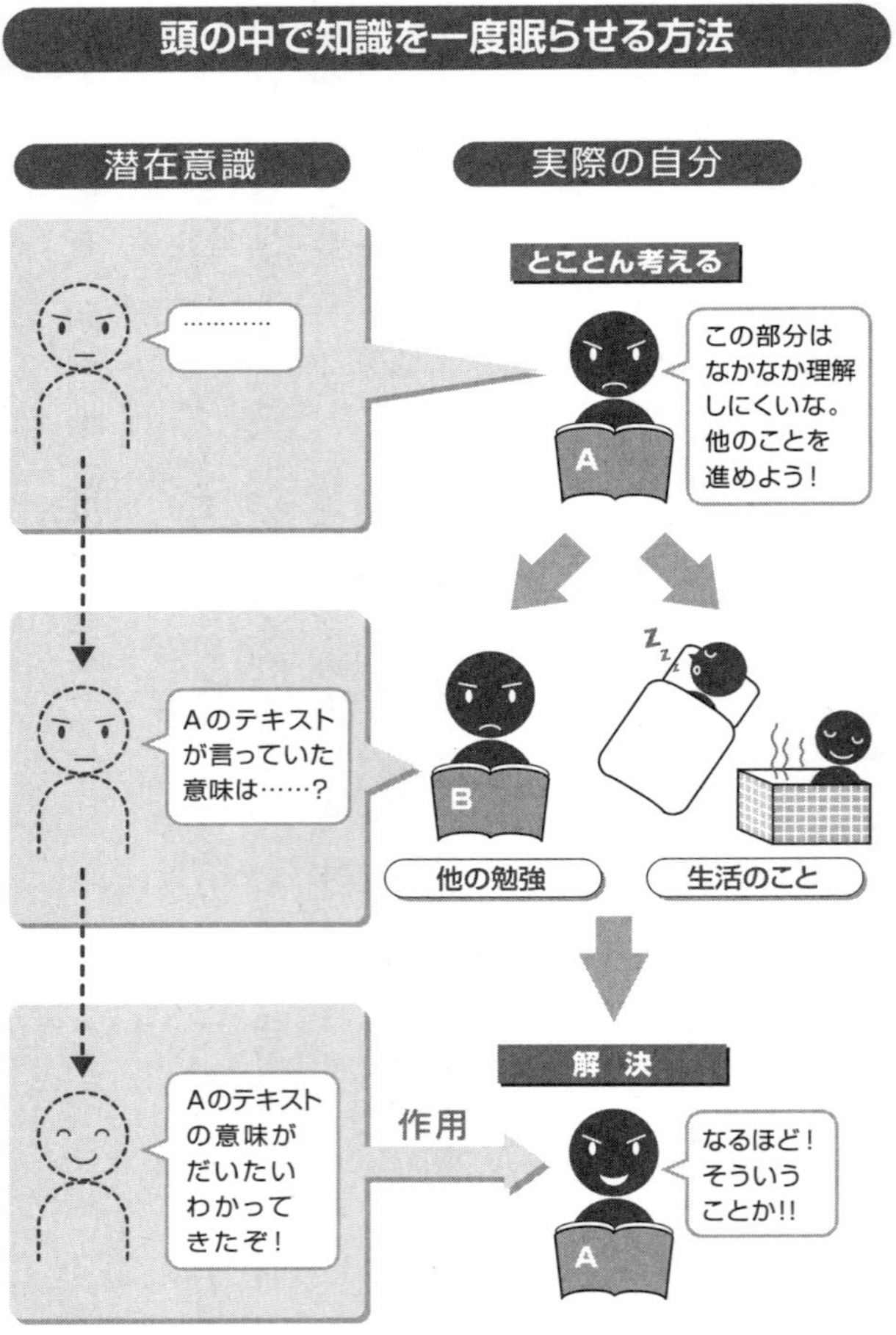
頭の中で知識を一度眠らせる方法
潜在意識
実際の自分
とことん考える
…………
この部分はなかなか理解しにくいな。他のことを進めよう！
A
Aのテキストが言っていた意味は……？
B
他の勉強
生活のこと
解　決
Aのテキストの意味がだいたいわかってきたぞ！
作用
なるほど！そういうことか!!
A

簡単に反論できるものであればすぐに反論書を作成します。しかし、どう反論するか迷う場合もあります。そんなときは、2〜3回読み直した後、一度「放り出す」ようにしています。そうすると、入浴中や寝床でうとうとしている間に、突然、効果的な反論の理屈がひらめくことがよくあるのです。

また、とても数学ができる友人が、学生時代にこう言っていたのを覚えています。
「数学の問題を解いていて行き詰まったら、いったん寝て、『夢に考えてもらう』ことにしている。翌日、もう一回解き直すと、いとも簡単に解けてしまうことがよくあるんだ」

このように、**私たちの脳は、意識していない最中でも、与えられた課題に取り組んでくれているのです**。これが、「問題を頭の中に寝かせること」の効果です。

これは、何も睡眠を取らなければできないことではありません。試験で、なかなか解けない難問にぶつかったときに、少し考えてから他の問題を片づけ、再び難問に戻ってみたら解けてしまった――という経験は、多くの人がお持ちでしょう。また、他の問題を解いている最中に、前の問題の答えがひらめいたりすることもよくあります。

このような効果がすべて「潜在意識」によるものと断定することはできませんが、事実としてこういう現象がたくさんあるということは、ぜひ覚えておいてください。

うまくいく光景をイメージする

成功したときの自分のイメージを強く思い浮かべること。これこそがマーフィー博士の提唱する「潜在意識」の効用だと言っても過言ではありません。

「お金持ちになって、ベンツに乗っている自分をイメージする」「大邸宅に住んでいる自分をイメージする」……などなど、具体的なイメージを常に潜在意識に送り込んでいると、いずれはそのイメージが実現するというものです。

逆に、いつも心配性気味に「悪くなるイメージ」ばかりを頭に浮かべていると、本当に物事は悪い方向に向かってしまう危険があります。

さきほど述べた「一度放り出して、寝かせる」方法に対して、この「成功したときの自分のイメージを思い描く」方法は、あまりなじみがないかもしれません。いったん頭の中で寝かせることによって「ひらめき」を感じた方は多いでしょうが、思い描いたイメージが実現した経験をお持ちの方は、少ないかもしれません。

しかし、私は2度、いや娘の場合を合わせると3度、このような経験をしています。

私が最初に「成功した自分のイメージ」を思い浮かべてうまく行った経験は、大学受験のときでした。

田舎に住んでいた私は、東大のキャンパスを入試まで実際には一度しか見たことがなく、あとは写真で見るしかありませんでした。そして、写真の中の東大キャンパスをもとに、私は毎日のように、ダッフルコートを着てキャンパスを歩いている自分の姿を想像していました。足元には黄色い銀杏《いちょう》の葉がぎっしりと敷き詰められています。毎晩毎晩、そのイメージを頭に描きながら、眠りに入ったものでした。

「それが実現したんだろ。よかったね」

ありがとうございます。その通りです。しかし、一点だけ、後になって愕然《がくぜん》としたことがあるのです。

私は高校時代、ダッフルコートを持っていませんでしたし、あまり好きでもありませんでした。単に、仲のよかった友人がダッフルコートを着ていたので、自分のイメージの中にダッフルコートを入れてしまっていただけなのです。

ところが、何がきっかけだったのか、合格の喜びも完全に冷めてしまった大学3年の時に、丈夫で暖かそうだという理由で、大学生協でダッフルコートを買いました。それを着て、東大本郷キャンパスの正門から安田講堂に続く銀杏並木の下を歩いていると、ふと気がついて、自分でも仰天したのです。

「あ！　これって、俺が受験生のときに持っていたイメージそのまんまじゃん！」

驚くのを通り越して、思わず笑ってしまいました。当時の私はまだ、「潜在意識」という概念を知らず、知っていたとしても、信じるような柔軟性を持ち合わせていませんでした。

私も娘も「成功のイメージ」が現実になった

ところが、2度目の経験は決定的でした。

金融機関を脱サラして、司法試験の受験生をやっていた頃のことです。私は毎晩、法務省の中庭にある、司法試験合格者の名前が張り出される掲示板を頭の中にイメージしていました。具体的に思い浮かべたのは、「掲示板の右側のやや下のあたりに自分の名前がある」というビジョンでした。これを毎晩思い浮かべるわけですから、かなり細かなイメージ作りをします。私のイメージの中で、掲示板の上に広がっているのは曇り空でした。

当時の司法試験は、「択一が足切り、論文が天王山、口述は念押し」と言われたように、口述試験で落ちる割合は1割もしくはそれ以下でした。そのため、最終的な合格発表は、思ったほど感動的なものにはなりそうにありませんでした。

しかし、だからこそ、「万一、落ちていたらどうしよう」という不安も募ります。

私は胸をドキドキさせながら、法務省に向かいました。天気は朝から快晴で、午後4

時頃の開門に合わせて家を出たときも、すっかり晴れ渡っていました。

ところが、法務省に着く直前、空にはにわかに雲が広がってきました。そして、開門したときは、何と自分がさんざんイメージしていた通りの曇り空になっていたのです。さらに驚いたことに、私の名前は、掲示板の中で、毎晩細かく頭に思い浮かべていたのと寸分たがわぬ「右側のやや下のあたり」にあったのです。

「そんなバカな……」

と、私自身も思いました。

しかし、後日、他の合格者と話すうちに、同じような体験をした人が何人もいたことを知りました。これには逆に、私が驚かされた次第です。


最後は、私の娘が中学受験をしたときのケースです。

自分の大学受験と司法試験の経験があったので、私は娘の勉強部屋に、中高一貫の志望校の写真を何枚か貼り付けて、娘が一日に何度も見るようにしました。その写真の中では、校内のパソコン教室で画面に向かっている生徒たちの姿が、特に目を引きました。

娘は幸い、その志望校に合格しました。そして、数学研究会というサークルに入部しました。この数学研究会というのは、娘によると、数学の問題を解いたり作ったりするのではなく、パソコンでアニメを製作したりしているそうです。

それだけならさほど驚くような話でもありませんが、実は、娘の学校では、中学生の間にほとんどパソコンの授業がなく、事実上パソコンの画面に向かっているのは、同級生ではその数学研究会の部員だけなのだそうです。パソコン教室にいる自分を毎日のように想像していた娘は、パソコン部（そういう部はありません）ではない数学研究会に入部して、はからずもパソコン教室を頻繁に使うようになったのです。

このように、私自身、「頭で描いたイメージ」が現実化した経験を持っています。娘も、同期の司法試験合格者たちの何人かも同様です。費用も時間もかかりませんので、ぜひ、勉強法として取り入れていただきたいと思っています。

とにかく寝る前に、「合格しているイメージ」や「成功しているイメージ」を毎晩欠かさず思い浮かべるだけでいいのです。あとは、そのまま眠ってしまいましょう。

潜在意識の誤った使い方

ただし、潜在意識を使うときには、気をつけなければならない点が一つあります。それは、「潜在意識は、成功イメージも受け入れるけれども、失敗イメージも受け入れてしまう」――という点です。

具体的には、「今度も失敗するんじゃないだろうか」などと悲観的に考えていると、それが潜在意識に刷り込まれて、本当に失敗してしまうのです。

私が司法試験を受験した頃は、10年、20年と勉強を続けている人はザラにいました。実力のない人が落ち続けるのはやむを得ないことですが、当時の司法試験受験界には、大変な実力者でありながら毎年のように落ち続ける、伝説の受験生（？）が必ずいました。

合格者数が少なかった時代と言っても、一応は500人も受かる試験です。毎年、模試で抜群の成績を取っている人が、なぜその中に入らないのか、私には不思議で仕方がありませんでした。

これは私の推測ですが、そういう人は、「今年も落ちるんじゃないか」というネガティブな刷り込みを潜在意識でしていたのではないかと思われます。

もっと卑近な例だと、会社の上司に「絶対に失敗しないように！」と念押しされたときに限って失敗する、といった経験を持つビジネスパーソンは多いと思います。「大切なお客さまだから粗相《そそう》のないように」と言われると、なぜかお茶をこぼしてしまう——といった失敗を繰り返す人もいるそうです。実は私も、「この人には決して失礼があってはいけない」と思い込んだときに限って、とんでもないヘマをやらかしたことが何度もあります。

これを潜在意識と解釈するか、あるいは「悪しき自己暗示」と解釈するかは、言葉の使い方の違いにすぎません。要は、あまりにも完全を期したイメージ作りをすると、逆に失敗を過度に恐れるようになってしまって、大変な逆効果になりかねないのです。

「絶対に成功しよう」「絶対に合格しよう」などと思い込むのはほどほどにして、気づいたら「何となく成功のイメージが頭に刷り込まれてしまった」「合格する自分の像が頭に刻み込まれていた」くらいがいいと思います。

ふだんからしつこく考える癖をつけよう

何かに熱心に取り組んでも、それが終わると、きれいさっぱりと忘れてしまう人がいます（実は、私の娘もそのタイプです）。

確かに、数学の問題1問のために1時間もウンウン唸っているよりも、さっさと解答を見て理解して、どんどん先に進んだ方が、はるかに効率的でしょう。仕事でも、あまり細部にこだわりすぎずに早めに仕上げた方が、周囲の迷惑になりません。本を読むときも、わからない箇所は飛ばして、どんどんページを繰っていくのが効率的です。

しかし、忘れてはならないのは、「とても重要なポイントに関しては、とことん考える癖をつけておくこと」です。特に今後、技術がますます進化していく時代には、マシン（機械）がやれる作業は全部マシンがやってくれるようになり、人間の脳に残された独自のフィールドは「創造力」になります。そして、その創造力は、ある課題について、自分の持てる能力を総動員して、とことん考えることによって鍛えられるものです。

さきほど、裁判で争うときの論理構築や、解けそうで解けない数学の問題の答え、ビジネス上の戦略などについて、「一晩、潜在意識の中に寝かせておく」ことの効用を説明しました。しかし、**単に寝かせておくだけではダメです。その前に、「とことん考える」という段階が必要なのです。そうして初めて、ふとしたはずみで、それまで考えも及ばなかったアイディアが浮かんでくるのです。**

頭の中にしっかり焼きつけて、ときどきそれを考えるようにすると、思いもつかなかった素晴らしいアイディアを、潜在意識が作ってくれるということです。細かいことまであれこれ思い悩むのは心身によくありませんが、「ここぞ！」という場合にとことん考え抜く癖をつけておけば、さまざまなシーンで成功する大きな助けになります。

ルール06
勉強こそ若返りに最適である

あなたはなぜ「脳力アップ」に励むのですか?

最近、ゲームや書籍で「脳力トレーニング」の類が大ブームになっています。脳の年齢を測定したり、書写をやったりして、多くの人が「脳の力のアップ」に夢中なようです。

それ自体はとてもいいことで、私も異論を挟むつもりはありませんが、「脳力アップ」に励む人が増えていると聞くと、つい、次の質問をぶつけたい誘惑に駆られてしまいます。

「あなたは、何の目的で、脳力アップにそんなに励んでいるのですか？」

私は何人かの友人にこう尋ねましたが、返ってきた答えのほとんどが、

「まあ、やらないよりやった方がいいだろうと思って……」

というものでした。中には、

「老化防止のため」

と答えた友人も一人だけいました。

このように、いろいろな「脳力アップ」のツールが巷に出回り、多くの人が買っていますが、明確な目標を持って使っている人は案外少ないようです。かく言う私も、ゲーム機までは使っていませんが、脳力アップのツールはあれこれ買い込んできました。

はっきりした目的を持たずに「脳力アップゲーム」にいそしむのは、極論すれば、単にゲームを楽しむことの正当性を自分に納得させているだけの場合もあります。もちろん私は、ゲームを楽しむなと言っているわけではありません。私が危惧するの

は、ただ、「脳力アップのツールをやっていれば自分の生産性が上がり、有効に時間を活用している」と誤解してしまう人が出てくるのではないか――ということです。

確かに、ゲームの中には、格闘ゲームのように俊敏性が求められるものなどは、プレーすることで脳が活性化するという実験結果があります。**しかし、「ゲームによって俊敏性などを鍛えること」と「自分自身の仕事や勉強の生産性を上げること」は、まったく次元が異なるのです。**

本来、自分自身の生産性を上げる「自己投資」とは、脳を活性化して若返らせると同時に、自分の付加価値も高めるものです。というより、「自己投資」としての勉強をすれば、下手なツールを使うよりも、はるかに「脳力」を高度に発達させることができます。

「脳力」を向上させるのは自己投資だ

私が司法試験の勉強をスタートしたのは、29歳のときでした。世間では、「20歳前後が記憶力のピーク。あとは衰えるばかり」などと言われていますが、そんなことはありません。私は司法試験の勉強を始めてから、記憶力や理解力が飛躍的に伸びた経験があります。勉強した内容が、あっという間に定着するようになり、思考のスピードも格段に速くなって、自分でも信じられないくらいでした。

おそらく、当時の私の記憶力も理解力も、大学受験のときをはるかに上回っていたのではないでしょうか。それは決して私が特別だからではなく、本書で紹介しているような効率的な勉強法を採り入れていったからです。

また、45歳を過ぎてからも、同じように私の記憶力や理解力は大きく向上しました。それは、娘の中学受験の勉強に付き合っていたためです。算数の難問から社会の時事問題まで、一緒に考えたり、問題を解いたりしたことが、私の脳の力をまたアップさせたのです。

もちろん、脳力アップのツールを使うこと自体は悪くないし、それによって何らかの成果が上がるのであれば、それはそれで素晴らしいと思います。しかし、ツールの使用そのものが目的になってしまっては、ある種の自己満足で終わってしまう危険があります。

そのかわり、**資格の取得や受験のための勉強によって「脳力アップ」を図れば、多くの場合、その効果はツールを使う場合の何倍にもなる**――というのが、私が自分やまわりの人の経験から得た結論です。常に「自己投資」を怠らない人たちは、それによって、脳力をたえずアップさせ続けているのです。

勉強が「絶対的な善」である理由

もともと「脳力アップ」という方法論は、お年寄りの認知症対策として取り入れられたものでした。これを広めたのは、脳科学者の川島隆太《かわしまりゅうた》先生（東北大学教授）の大きな功績だと思います。

しかし、もしあなたが今、心身ともに健康であれば、脳力アップのツールを使うより、試験のために勉強をした方が、よほど若返り（この言葉にはやや語弊があるかもしれませんが）に効果があります。その理由を、以下に述べます。

① まず、勉強することによって、当然ですが、計算や漢字の読み書きをはじめとするいろいろな能力がアップし、脳を活性化します。結果として、脳の老化防止に役立ちます。このことは前述しました。

② たとえば、資格試験の勉強のために予備校に行くと、新しい環境の中で、新しい人たちと交流することができます。環境の変化と交友関係の広がりが老化の防止に役立つことは、言うまでもありません。

③ 資格試験や入学試験を受験する人は、本番の前に何度か模擬試験を受けることが多いですが、その模試の点数の良し悪しによって、「嬉しい思い」「悲しい思い」「悔しい思い」をします。このように、感情に大きな弾みが生じると、肉体の自然治癒力が高まり、ひいては老化も防止することになります。

④ 何よりも、人は一つの目的を持って勉強し、その目的を達したときは、10歳くらい若返ったような気分になります。そのような心のポジティブな動きは、老化を

防ぎます。

このように、「自己投資」には実利があるだけでなく、脳力のアップももたらし、老化の防止にも役立ちます。まさに「いいことだらけ」です。

そういうことも含めて、私の尊敬する人が言った言葉を紹介しましょう。

「勉強は絶対的な善である」

勉強によって、他人に迷惑をかけることなく自分を磨き、その磨いた力によって社会に貢献できるわけです。まさに「絶対的な善」であることは間違いありません。

ルール07

自分で自分の限界を設定するな

年齢と学習効果はまったく無関係だ

記憶力について同じようなことを少し述べましたが、一昔前は、「20歳を過ぎたら脳細胞が死滅していくので、脳の力は衰える一方だ」と言われていました。しかし、最近の研究では、「脳細胞が死滅しても、ニューロンという神経細胞は年齢に関わりなく増加するので、何歳になっても『脳力』は伸びる」と指摘されています。

イギリスの首都ロンドンを走るタクシーの運転手さんがいい例です。ロンドンの街は複雑に道路が入り組んでいますが、そこを走り回るタクシーの運転手さんたちは、経験を積めば積むほどニューロンが増加することが実証されています。

「物忘れがひどくなった」と言う人が少なくありませんが、そう思うのは加齢のせいではなく、脳を怠けさせているせいだろうと私は思います。実際、テレビばかり観ている人は、脳が受け身になり、楽な作業ばかりに慣れていきます。その結果、思考したり記憶したりする活動を怠けるようになり、前頭葉が萎縮してしまうそうです。毎日、帰宅すると同時にテレビをつけて、そのまま何時間もボーッと画面を見ている人は要注意でしょう。

確かに、映像に音声を伴ったテレビというメディアは、情報の伝達において、文字だけの書籍よりも優れた面があります。しかし、人はいつも映像ばかりに触れていると、「脳内で文字からイメージを作り出す」という作業をまったくしなくなってしまいます。その分、脳が怠けてしまうのです。

私は断言しますが、しっかりした勉強の習慣を身につければ、学習効果に年齢はまったく関係ありません。それどころか、年配の人は、それまでに培《つちか》った社会経験や日常的な経験知がたくさん背景にある分、若い学生よりも勉強の内容が理解しやすく、資格試験などでも合格が早いケースがたくさんあります。

最大の敵は、「もう年だから……」とあきらめてしまう気持ちです。そして、「いい年をして……」という周囲からの雑音。このように、自分の可能性を無意味に制限してしまうような思い込みや雑音は、完全に無視しましょう。

60代で起業し、成功したサンダース

特に団塊世代の人々にとって、「定年後を素晴らしい人生にするか、つまらない人生にするか」は、ひとえに自分の心がけにかかっていると思います。また、その子供の世代、つまり「団塊ジュニア世代」のビジネスパーソンが転職したり、起業したりする場合、それが成功するかどうかも、普段からの心がけにかかっています。

つまり、あきらめの心を持たず、周囲の声も気にせずにきちんとした勉強法を身につければ、60代でも30代でも人生の成功をつかめるということです。

ちなみに将来、就職や転職の際の「年齢制限」は廃止されるだろうと私は予想しています。なぜなら、若者よりも、長年にわたって脳を鍛えてきた年配者の方が、平均的に見れば、知的労働において大きな成果が期待できるはずだからです。

野口悠紀雄先生が著書の中で、「数学は最も安上がりな趣味だ」という趣旨のことを書いておられます。確かに、鉛筆と紙と問題があれば、数学を学ぶことはできます。そうやってお金をかけず、あれこれ試行錯誤した末に問題が解けた喜びを味わうのは、野口先生の言われるように、素晴らしい趣味の一つかもしれません。

このように、趣味としての数学を楽しみ、しかも子供や学生たちにボランティアで教えることができれば、心身の老化の防止に最適でしょう。もちろん、脳力がアップするのも間違いありませんし、自然治癒力が高まることも請け合いです。

大切なことなので繰り返しますが、「もう50代だ」「もう60代だ」「勉強を始めるには私の年では遅すぎる」……などと嘆くのは、完全にナンセンスです。知的なトレーニングは、何歳で始めたところで、若い人に比べて不利なことは一つもありません。それどころか、それまでの経験値がアドバンテージ（強み）になります。学ぶことによって、以後の人生の時間が充実したものになり、老化も防いで楽しく年をとっていけるのであれば、こんなにいいことは他にありません。

勉強だけでなく、勉強したことを生かして起業することも、何歳になっても始められるのです。カーネル・サンダースがケンタッキーフライドチキンを設立したのは60代のとき、今の日本人で言えば、定年後のことでした。

この広い世の中、若くして不慮の事故で終わる人生もあれば、年齢を重ねてから大きく動き出す人生もあるのです。たった一度きりの人生、何を始めるにも遅すぎるということは決してありません。

「忙しくて勉強できない」「いつかやる」はウソだ

いつも「忙しい」「忙しい」とさかんに言っている人がいます。忙しくて勉強できないというわけです。

しかし、そういう人が世間の平均と比べて忙しいとは限りません。むしろ、「勝手に自分で忙しくしているだけ」である場合が少なくないのです。

私自身は、平均的な弁護士の10倍以上の仕事をこなしながら、基本的に残業をせず、土日は完全休業を続けてきました。さらに毎日、幼稚園まで娘を迎えに行っていました。その代わり、仕事の密度はきわめて高く、まさに「秒単位」で働いていました。

もちろん、これは私が自営業で、自分で時間を管理できる立場にあったからこそできた話です。会社に勤める一般のビジネスパーソンのように、自分以外の都合に時間を割かれることが多い人は、どうしても残業や休日出勤を余儀なくされるでしょう。

しかし、そういう人にも、移動やミーティングの合間などの「スキマ時間」は必ずあるはずです。そういう時間を有効に活用すれば、まさに「塵《ちり》も積もれば山となる」で、結果として勉強が大いにはかどります。

「忙しくて勉強できない」を連発する人と同じくらい多いのが、「そのうち勉強を始める」「暇になったら始める」と言う人です。口には出さなくても、心の中でそう考えている人も少なくないのではないでしょうか。

少し厳しいことを申し上げます。「そのうちやる」「いつかやる」と言っている人に、「そのうち」や「いつか」は、決してやってきません。今すぐ始める以外、新たに勉強をスタートすることはできないくらいに思ってください。

先のことは誰にもわかりません。「退職してからのんびりやろう」などと考えていたら、配偶者の介護に追われるようになったり、ハイパーインフレが起こって、それまで以上に働かなければならなくなったり……などなど、勉強する余裕がなくなる可能性はいくらでもあります。

そうなってから、「あのとき少しでも勉強しておけば、この難局を乗り切ることができたのに……」と悔しがっても遅いのです。勉強に「あすなろ」はありません。「きょうなろ」の精神を持ちましょう。

自分で自分の限界を決めれば、後は死を待つのみ

これは私の個人的な考えですが、あらゆることに関して「自分には限界がある」と思ってはいけません。何事も、自分で自分の限界を設定してしまえば、残りの人生は「ただ死を待つだけの時間」になってしまう。私はこう考えています。

私たちはふだん、「死」というものをあまり意識しないで生活しています。しかし、今生きているあらゆる人間が、間違いなく「死」に向かって、日々前進している

のです。ですから、**ある時点で自分の限界を決めてしまったら、後はこの世を去るまでの待機期間になってしまいます。**

そうなったら、勉強する意味など何もありません。単に死を待つだけになってしまったら、脳の力をアップさせて充実した人生を送ろうとすることなど、まったく無意味になります。

脳力の向上に限界はありません。何歳になっても思考力や記憶力は活性化させることができます。英文学者の渡部昇一先生は、60歳を過ぎてから本格的にラテン語の勉強を始め、そのときの単語の暗記のおかげで、暗記能力が急激に伸びたそうです。トロイの遺跡を発見したシュリーマンも、かなりの年齢になってから十数ヵ国語をマスターし、遺跡の発掘を成し遂げています。

まして現在は、インターネットという革命的なツールのおかげで、知識や情報の収集は格段に効率的にできるようになっています。年齢による限界を考える必要など、さらさらないのです。

人生は「死を待つ生活」ではありません。勉強によって、いつまでも生き生きとした心で新しいことにチャレンジし、幸せな時間を過ごそうではありませんか。

最速勉強法ベーシック・スキル

英語編

「知価社会」では、英語の「読み書き力」が必須だ

日本人が英語を勉強する場合、私が勧める方法は、いたってシンプルです。それは「会話より読み書きを重視せよ」というものです。

海外留学も海外赴任もしたことのない私がこんなことを言うと、お叱りを受けるかもしれません。また、英会話学校にとっては迷惑な話になってしまいそうで、申し訳なく思います。

しかし、私がこう言うのには、それなりの根拠があるのです。

インターネットで全世界が結ばれ、ウェブ環境も進歩した今日、世界のネット上の言語の少なくとも7割以上は英語です。そして、基本的には、ネットでの情

報収集や発信は、ほとんど「読み書き」の作業になります。

したがって、世界中から情報を得たり、逆に世界中に情報を発信したりするのに必要なスキルは、「英語の読み書き」になります。メールでのやりとりも「読み書き」ですから、日本語圏以外の相手と意思疎通をするときは、やはり英語を使います。特に、現在到来しつつある「知価社会」で、ネット上の英語が読めないと、ビジネスキャリアでも大きなハンディになります。

そういう理由で、私は「英語の読み書き」こそが、これからの時代を生きていく上で必須のスキルだと考えているのです。実際、アメリカでは、教育の不備で読み書きのできない人たちが増えて社会問題になったことを訴える本が、読者に大きな衝撃を与え、ベストセラーになったと聞いています。

わが国の新聞やニュースは、国内の「大事件」ばかりを大々的に取り上げ、毎日同じような情報を流しています。私は40歳を過ぎてから英字新聞を取り始めましたが、日本の新聞に載っていない情報が満載なのに、いつも驚かされています。

受験で英語の読み書きを訓練した人であれば、少しばかり「英語のリハビリ」をすれば、何とかなるものです。私も大学受験以来30年近く、ほとんど英語とは無関係な世界に生きてきましたが、本文でも触れたように、46歳でＴＯＥＩＣを受け、その際の準備がずいぶんリハビリになりました。

「読む訓練」には、自分がある程度知っている分野（工学とか金融とか……）の本を読みましょう。予備知識があれば、その分、原書も読みやすいはずです。すでに日本語訳を読んだ本を原書で読むのもいいでしょう。

私のように英字新聞を取っている人は、日本の新聞が報じたのと同じ事件について、英語記事を読みましょう。英語への恐怖心がかなり薄らぐはずです。

海外の映画のＤＶＤを、音声と字幕を英語にして見るのも効果抜群です。アマゾンのような海外のサイトで、実際に本を検索して買い物をしてみるのもいいでしょう（長い英語のレビューには、ときに閉口しますが……）。

書く方に関して私がお勧めしているのは、英語トレーニングソフトの『えいご漬け』シリーズ（プラト）です。

学習者が音声を聴いて、それをタイピングで書き取っていくというもので、かなり書く力がつきます。ただ、難点は、一つのセッションがやや長いので、スキマ時間の利用には適さないことでしょう。

とにかく英語の勉強では、まず「読めること」、次に「書けること」を重視しましょう。多少話せたところで、読めないのであれば、日本語圏以外から得られる「知の力」は、ほとんどゼロのままなのです。

第2部

続ける秘訣は「楽しく勉強すること」にあり!

ルール08
自分の心に「ご褒美」を与えよう

「ご褒美で釣る」のは不純な行為か？

この問題は、特に子供の受験勉強の場合によく議論されます。たとえば、中学受験生の親が塾の先生に、「模試の成績が上がったうちの子に、ご褒美《ほうび》をあげてもいいのでしょうか？」という相談をしているケースがあります。

この「ご褒美をあげるかどうか」は、実は子供だけに限った問題ではありません。社会人が自分の勉強について考えるときにも、「自分にご褒美をあげる必要があるのか」という視点で考えると、思いのほか、勉強の効率アップに役立つ要素が見えてくるのです。

ここでまず、「ご褒美否定論者」の意見を簡単にまとめておきましょう。

「ご褒美を与えると、勉強の目的が『ご褒美をもらうこと』になってしまう。しかし本来、勉強というものは、今まで自分が知らなかった新しい事柄を理解し、勉強対象そのものに関心を抱き、その結果として試験に合格したり資格を得たりすることが大切なのだ。ご褒美をもらうことが目的になったのでは、勉強の効果が低下してしまう」

私の見聞きした範囲では、ご褒美に反対する人たちの議論は、だいたいこのようなものです。簡単に言えば、「ご褒美でやる気を起こさせようとするのは不純であり、非効率的だ」というものです。しかし、本当にそうでしょうか？

確かに、子供に勉強をさせるために、

「今度のテストで80点取れたら、ゲームを買ってあげるよ」

というふうにご褒美で釣るのは、一見、不純な行為のように思えるかもしれません。子供を甘やかしていると感じる人もいるでしょう。

しかし、**私はご褒美を悪いことだとは思いません。子供に勉強させるときも、自分で勉強するときも、ご褒美はきわめて有効で、かえって学習効果をアップさせるものだと考えています。**なぜなら、いかに面白い分野を学んでいても、それを毎日のように続けていくと、必ず「飽き」がくるものだからです。

読者の皆さんも、きっと経験がおありだと思います。以前からずっと「集中して勉強したい」と思っていた分野があり、ようやくまとまった休みが取れたので、その勉強を始めたところ、次第に飽きてしまって続かなかったということが……。こういうとき、多くの人は、最初の2〜3日は楽しくやっていたけれども、5日目くらいからだんだん飽き始め、「やりたかったことのはずなのに、何だか苦痛になってきた」と感じるようです。

これは勉強に限らず、人間の一般的な心理でしょう。その人が特に意志が弱いわけではありません。

大好きなスポーツ（テニスやゴルフなど）でも、毎日毎日やっていれば、おそらく、よほど好きな人やプロになるような人は別として、1週間くらいでやめたくなるのが普通でしょう。したがって、ある程度継続して勉強なりスポーツなりを続けていくためには、ご褒美が必要だ――というのが私の考えです。

「長期的ご褒美」と「短期的ご褒美」に分ける

ご褒美が必要だと言いましたが、それは必ずしも、「形のある物」である必要はありません。「達成感」や「優越感」といった、感情的なご褒美でもいいのです。

具体的には、スケジュール表のうち、勉強をやり終えた部分をラインマーカーで塗りつぶしていくと、ささやかな「達成感」を感じることができます。この気持ちは、立派な「自分へのご褒美」です。また、模擬試験を受けて、成績優秀者に自分の名前が掲載されたのを見て「優越感」に浸るのも、これまた立派なご褒美です。

このように、自分に合ったご褒美を考えればいいと思います。

また、ご褒美は何も一つに限ることはありません。スケジュールをしっかりこなして達成感を味わい、その結果として模試で優越感に浸り、ささやかな祝杯を上げる……というように、自分へのご褒美が複合的になることも、とてもいいと思います(実は、これは私自身が司法試験の受験生時代にやっていたことであり、そのおかげで、一定期間、毎日12時間以上の勉強を続けることができました)。

これは、脳科学か心理学の本で読んだ記憶があるのですが、「長期的なご褒美」と「短期的なご褒美」の両方を作っておくと、勉強には効果的だそうです。

さきほどの例では、学習スケジュール表に、その日に勉強した部分をラインマーカーで塗り終えたときの達成感は、1日刻みの「短期的なご褒美」です。そして、1ヵ月に1回ある模擬試験で成績優秀者になるのは、「長期的なご褒美」と言えるでしょう。

長期か短期か、どちらかに偏りすぎてはいけません。また、「超長期」と「超短期」に極端に分かれても、中だるみができたり、慌ただしくなりすぎたりします。「ご褒美の期間のバランス」を、うまく散らしておきましょう。

ご褒美は、あくまで自分のやる気を高め、「飽き」の気持ちを避けるための工夫ですから、何も仰々しいものである必要はありません。

私が司法試験の受験生だったときは、毎日、計画を達成したときの充実感と、毎晩の1本の缶ビールが「短期的なご褒美」でした。さらに、模試の成績優秀者上位に名前が出たときに、ちょっとした優越感に浸りながら缶ビールをもう一本追加するのが「中期的なご褒美」。そして、長期計画が達成できたときや、択一、論文などの試験が終わった後に、丸一日、好きなだけレンタルビデオ（当時はＤＶＤがありませんでした）を借りてきて見まくるのが「長期的なご褒美」でした。

ルール09 学んだことを「長期記憶」として定着させよう

なぜ「記憶に自信がない」と言う人が多いのか?

「私はどうも暗記が苦手でして……」

と嘆く人がよくいます。読者の皆さんの中にも、そういう方が多いかと思われます。

いや、多いどころか、本書の読者のおよそ9割は「記憶力に自信がない」という方ではないかと、私はひそかに推測しています。なぜなら、記憶力に自信があれば、本書のような勉強法の本はあまり読まないでしょうから……。

日本の教育はよく「記憶力偏重」だと批判されます。後で述べるように、私は決して記憶力を重視することが悪いとは思いませんが、実際、さまざまな資格試験や入学試験で、記憶に頼って解かなければならない問題が多いのは事実です。その結果、記憶力に自信がある人たちは、たいていの試験をパスしてしまいます。

このような事実を見れば、試験において「記憶力」がいかに重要かがわかります。いわゆるペーパーテストのうち、記憶力が不要なものは皆無でしょう。中学から大学に至るまでの入学試験でも、膨大な数がある各種の資格試験でも、すべて記憶力を無視して対策を立てることはできません。

そんな大切な記憶力について、なぜ多くの人たちが「自信がない」と言うのでしょうか。それは、実際に「一度記憶したはずなのに忘れてしまった（記憶が消えてしまった）経験」があるからだと思います。

しかし、脳科学の研究によると、実際には「記憶が消える」ということは起こらないそうです。記憶はずっと脳の中にあるのです。それが単に「呼び起こせなくなる」だけです。

読者の皆さんも、経験がありませんか？　昔に流行していた歌や音楽のごく一部をたまたま耳にした途端、その曲のすべてを瞬間的に思い出し、さらに、当時付き合っていた（憧れていた）異性への「ときめきの感情」も、あっという間によみがえった経験が……。

このように、**記憶は常に脳内に保たれており、それを呼び起こせなくなるのを「忘れる」とか「忘却」などと呼んでいるだけなのです。**

忘却を防ぐ作業は、覚えてから数時間以内に

忘却に関する理論では、「エビングハウスの忘却曲線」があまりにも有名です。

この理論の結論だけを、簡単に説明しておきましょう。それは、一度記憶した分量のうち、20分後に思い出すことができるのは58％、1時間後に思い出せるのは44％、1日後には26％、31日後には21％という結果になる――というものです。

ここからわかる大切なポイントは、「忘却は、記憶した時点から1日の間に急激に進み、その後はゆるやかに進む」ということです。覚えたつもりでも、1日で26％にまで低下する（約4分の3を忘却してしまう）のですが、その後は1ヵ月経っても、

21％は覚えています。1日後と1ヵ月後に思い出せることの量の差は、わずか5％にすぎないのです。

つまり、**記憶してから1日の間が「勝負の分かれ目」なのです。したがって、「いかにして記憶を保持するか」は、「記憶してから1日のうちに、どのような作業をやるか」にかかってくるのです。**

ところが、「エビングハウスの忘却曲線」に反するような実験結果もあります。

ある心理学の専門家が、実験に参加する人々を二つのグループに分けて、「記憶喚起」（覚えたことを思い出す作業）の実験を行いました。片方のグループには、記憶したことをその直後に思い出させ、もう片方のグループには、1日ほど時間を空けてから思い出させて、両者の「記憶の定着率」を比べたのです。その結果は、後者、つまり1日くらい時間を空けてから記憶喚起をしたグループの方が、記憶の定着率が高かったと言います。

この実験結果と「エビングハウスの忘却曲線」とは、一見矛盾しているようですが、そうではありません。次のように考えればいいのです。

まず、「記憶喚起」の実験は、覚えたことを思い出す場合の「効果的タイミング」を測る実験であって、忘却率の実験ではありません。もっと簡単に言うと、記憶喚起の実験は「効果的な復習をいつやればいいか」を知るためのものです。それに対し、エビングハウスの忘却曲線の実験は「覚えた後、いつ試験をすれば何点取れるか」を測るものなのです。

エビングハウスの忘却曲線は、「勉強内容を記憶してから20分後に試験を受ければ、100点満点中58点が取れるが、1日後に試験を受ければ26点しか取れず、1ヵ月後には21点しか取れない」ということを示しています。

一方で、記憶喚起についての実験結果は、「勉強内容を記憶してから1週間後に試験を受けるとき、20分後に復習するよりも、1日後に復習をした方が、試験でいい得点が期待できる」ということを示しています。

したがって、**忘却を防ぐための作業（これを「記憶保持作業」と呼びます）は、物事を覚えてから数時間以内に行えば、1日で生じる急激な忘却を緩和することができ、記憶喚起のための復習は、1日後、1週間後、1ヵ月後というように間を空けて行うのが理想的だ**——という仮説が成り立ちます。

1日5分間の「黄金の作業」

私は、大学受験や司法試験の準備をしていたとき、ほぼ「1時間＝1単位」と決めて、勉強を進めていました。そして1単位を終了するごとに、その1時間で何を学習したのかを頭の中で「反芻《はんすう》」する癖をつけていました。これが大いに役に立ちました。

反芻と言うと、漠然とした感じがあるかもしれませんが、具体的には、「勉強した部分を一通り記憶から呼び戻し、覚えていない部分はテキストや問題集に立ち戻って確認して、もう一度頭の中で繰り返してから学習を終える」という作業をしていたのです。もっとも、1時間分の反芻ですから、時間はせいぜい5分くらいしかかけませんでした。

しかし、この5分間の反芻が、「黄金の記憶保持作業」だったのです。

読者の皆さんも、経験はありませんか？　読書をするとき、重要だと思って付箋を貼ったり、ページを折り曲げたりした部分を、本を閉じる前にもう一度読み返すと、その内容を長く覚えていられるということが。

さらに私は、就寝前に、その日にやった内容を、リラックスしながら短時間（せいぜい20〜30分）で見返して、気持ちよく一日を終えるようにしていました。

これは、「その日に勉強した内容すべての記憶を喚起する作業」であって、短時間でできる最初の「復習」になります。科目によっては、数時間前に頭に入れたことの記憶を喚起することになってしまいますが、記憶直後にやるよりは、はるかに効果的でした。

そして、次に同じ科目のテキストを読むときは、「前々回」にやったことを、一通り復習して、記憶の「定着」を図りました。ここが一つのポイントなのですが、前回ではなく、前々回を復習するのです（ある程度の期間を置いてからの復習のほうが効果が上がる、という米国での実験結果があります）。

こうやって「記憶保持」と「記憶喚起」を繰り返した効果は、抜群でした。曲がりなりにも、勉強を始めて半年間で、当時7科目だった司法試験の科目をすべて1回転させる（最低一度は学習する）ことができ、択一試験にも余裕で合格できました。論文試験は不合格でしたが、Ａ〜Ｇの７段階の評価で、総合で２番目の「Ｂ」評価をもらいました。

ただし、こうした記憶の保持や喚起は、決して楽な作業ではありません。それは主に、心情的な理由によります。勉強直後にその内容を反芻したり、しばらくたってから復習したり、はたまた前々回の分の復習をしたりするのは、かなりつらい作業です。これは、「自分がいかに忘れているか」を実感しなければならないからです。

本音を言うと、私だって、テキストを読み終えれば、一刻も早く机から離れたかったのです。夕刻には、「その日に勉強したことなど忘れてしまいたい」という誘惑に何度も駆られたものでした。しかし、そのたびに何とか辛抱して、復習や反芻を続けたのです。

このわずかばかりの「辛抱」の継続が、東大の現役合格や、当時の司法試験の「超短期合格」につながったのではないかと思います。

「前門の虎」と「後門の狼」を押さえつける

記憶法について注意しなければならないことは、「記憶を妨げる二つの要素にどう対処するか」という点です。この二つを、私は「前門の虎」と「後門の狼」と呼んでいます。

簡単に説明しましょう。あなたがAという事柄を記憶するとします。そのとき、Aよりも以前に記憶したことが、Aについての記憶の定着を妨げることがよくあります。これが「前門の虎」です。

また、Aより後に記憶したことが、Aについての記憶の定着を妨げることもあります。これが「後門の狼」です。

たとえば、英単語を10個覚えるとしましょう。5個目の単語を記憶するとき、それ以前に覚えた4個の単語の記憶が、5個目の単語の記憶の定着を妨害します（前門の虎）。また、10個目までたどり着くと、今度は6個目から10個目までの単語の記憶が、5個目の単語の記憶の定着を妨害するのです（後門の狼）。

心理学的には、前門の虎は、記憶の「順行抑制」と呼ばれ、後門の狼は「逆行抑制」と呼ばれています。そして、これら二つの「抑制作用」は、同じ種類の記憶や学習をしている際に顕著に現れると言われています。

こうして前と後ろ、両方から邪魔者がやってくるため、記憶の定着というのは大変な作業になるのです。そのため、まとめて１００個の知らない英単語を1回で覚えることなど、凡人には到底不可能です（私なら10個でも自信がありません）。

では、どのようにしてこの邪魔者を押さえつければいいのでしょう？

まず、虎と狼という二つの邪魔者を排除してしまう方法が考えられます。

さきほど述べたように、前と後ろからの記憶の抑制作用は、「同じ種類の作業」を行っているときに最大限に高まります。たとえば、英単語を順番に覚えているときなど、虎と狼の「悪のパワー」が最高に高まるのです。ですから、**10個まとめて単語を覚えようとするより、スキマ時間に1個ずつ覚える方がはるかに効果的なのです**（食事の前に1個、お風呂に入る前に1個、トイレで1個……などなど）。

皆さんも経験がありませんか？

通勤電車で何かの参考書を読んでいて、ある特定の駅と駅の間の1区間で記憶した内容を、後々まで妙に鮮明に覚えていたり、スポーツの最中に、誰かがふと場違いな勉強用語を口にしたのを聞き、それからはるか後年までその用語が脳裏に焼きついていたり……といったことが。

人間の日常生活の中には、「スキマ時間」という宝物がたくさんあります。これを使わない手はありません。どんどん利用して、単純な暗記という苦痛から逃れてしまいましょう。具体的には、トイレに単語集を置いておくとか、カバンに常に参考書を入れておいて、待ち時間に見るようにする……といった手段が考えられます。

なるべく複数の分野を1時間ずつ織り交ぜる

ただし、そうは言っても、どんな内容や分野でも、スキマ時間での勉強は、決してメインにはなりません。勉強というのは、一定時間、継続してやらなければならないのは当然で、スキマ時間で学習できることは限られています。

したがって、**続けて勉強する場合は、なるべく性質の異なる分野や科目を組み合わせてやる方が、単一の種類の学習を続けるより効果的です。**前述した「前門の虎」と「後門の狼」は、同じ種類の暗記内容を食いつくすのが大の得意技ですから、一つの科目を4時間も5時間もやっていたら、記憶はどんどん消えていってしまいます。

たとえば、「社会の暗記を1時間やったら、次は数学を1時間」とか「民法のテキスト読みを1時間やったら、刑法の問題を1時間」というように、性質の異なる複数の分野や科目を、できる範囲で織り交ぜて勉強するのです。その方が、同じ科目を延々とやり続けるより、はるかに効果が上がります。

しかし、それでも、どうしても同じ科目を延々とやらなければならない状況に置かれてしまうこともあります。そういうときは、間に「リフレッシュタイム」を入れて、算数の単純計算（百ます計算でもかまいません）などをやってみるのもいいでしょう。

また、人間は集中できる時間が限られているため（一般に45分と言われていますが、かなり個人差があるようです）、適当に、5〜10分程度の休憩を入れることが大切です。休憩の終わり（つまり勉強を再開する直前）には、3分間だけ算数の計算問題をやるなど、頭のウォーミング・アップに努めるのもいいでしょう。

「それでも忘れるとき」のために

さて、いろいろと「記憶を定着させる方法」について述べてきましたが、では、私が説明したようにやれば、記憶は完璧に定着するのでしょうか。

残念ながら「イエス」とは言えません。「人間はそれでも忘れるものです」と正直にお答えするしかありません。

ここが、「記憶を長期記憶に変えるまで」の苦しいところです。

覚えたことが、ひとたび長期記憶になってしまえば、かなりの年月、その知識を使っていなくても、案外スラスラと出てくるようになります。そうなれば、しめたものです。

たとえば、「織田信長が殺されたのはどこ？」と聞かれれば、多くの日本人が「本能寺」と答えるでしょう。それは、「信長は本能寺で殺された」ということが、多くの人の頭の中で長期記憶になっているからです。

では、どうすれば、覚えたことを「長期記憶」として頭に定着させられるのでしょうか？

これに対する答えは、「実際に何度も使うことしかない」と私は考えています。たとえば、ビジネスパーソンであれば、会計や財務分析を学習したら、後は学んだことを実際にどんどん使ってみましょう。そして、「実際に何度も使う」ための最も効果的なツールは、問題集です。

問題集を解くことは、記憶を定着させる上で、きわめて効果的です。思いもよらなかった角度から繰り出される問題を考え、わからなければ解答を見るという作業だけでもいいのです（もちろん、基本書に戻れるときは必ず戻るのが原則です）。

もし半分以上解けなくても、くじけずにどんどんトライしていきましょう。それだけでも、勉強した内容をお経のように単純に復唱するより、はるかに頭に定着します。その上、応用力もつくので、この方法は強くお勧めします。

シュリーマンが十数ヵ国語をマスターした方法

最後に、この章で紹介した方法をやってみても、期待したほど記憶の定着が進まなかったという方や、最初から「暗記事項」の多さに怯え切っている方のために、とっておきの朗報を書いておきます。

それは、「人は記憶する作業を続けていくうちに、記憶力がどんどんよくなっていく」ということです。健康な頭脳をお持ちの人であれば、例外はありません。

しかも、「記憶力がよくなる」ことに関して、年齢は関係ないのです。

記憶する作業を続けるうちに、脳内の神経細胞であるニューロンの数は、年齢に関係なく増加します。そして、ニューロンの増加に伴って、記憶力は飛躍的に向上します。

具体的には、最初は1日に単語を10個しか覚えられなかったのが、記憶作業を始めて1ヵ月後には軽く50個を覚えられるようになった――といったケースがよくあるのです。

トロイの遺跡を発掘したシュリーマンは、語学の達人としてもまた有名で、短期間で一つの言語をマスターし、結果として十数ヵ国語を操れるようになった人物です。そんなシュリーマンの語学学習法は、一種の「丸暗記法」でしたが、彼自身は「自分は記憶力がよくない方だった」と述べています。しかし、「丸暗記」を継続していくうちに記憶力が信じられないほど向上し、簡単な文章であれば2～3回目を通しただけで覚えられるようになったそうです（シュリーマンの著書『古代への情熱』による）。しかも、かなりの高齢になってからのことです。

私自身、司法試験を受験するとき、定義などを「丸暗記」していたら、どんどん記憶力が伸びていったのを実感しました。

恐れることはありません。**記憶作業には「逓増性《ていぞう》」があります。つまり、「やればやるほど、効果がどんどん上がっていく」ということです。**最初は、覚えることが山のようにあるように見えても、それはやがて、加速度的に崩していけるものなのです。途中で投げ出さない限り……。

ルール10

詰め込みと丸暗記は「善」だと思え

詰め込みが生んだ吉田松陰の創造性

わが国では、「詰め込み教育や丸暗記は、学ぶ人の創造性を損なってしまう」とか「暗記は人間の独創的な力を失わせるから、好ましくない」などという説が、もっともらしく唱えられてきました。結論から言うと、そういう意見は完全に間違っています。

悪名高き「ゆとり教育」が生まれた一因も、そんな「暗記嫌悪」の流れのせいではないかと思います。教育再生に方向転換した現在でも、「詰め込み」や「丸暗記」に対する嫌悪感は、日本人の間にまだまだ根強く残っているのではないでしょうか。

しかし私は、断固として「詰め込みと丸暗記は勉強の王道である」と信じています。

ただし、私一人がそう主張したところで説得力は弱いでしょうから、いくつか強力な根拠となる具体例を挙げることにしましょう。

幕末に尊皇攘夷《そんのうじょうい》運動の先駆けとなった吉田松陰《しょういん》は、10歳そこそこで藩主に講義をするほどの俊才ぶりでしたが、実は、スパルタ式の詰め込み教育によって、学問をものにしたのです。彼は小さい頃から、漢籍などの詰め込みと丸暗記ばかりをさせられていたため、師匠以外の周囲の大人たちが、

「そんなに知識を詰め込んでばかりいたら、この子の創造性が損なわれてしまう」

と批判したほどだったそうです。今も日本には、同じような主張をする教育関係者がたくさんいますが、当時から発想は進歩していないようです。

もちろん、吉田松陰の創造性が損なわれるということはありませんでした。それどころか、その後の松陰は、まさに歴史を変える起爆剤のような役割を果たし、劇的な生涯を送りました。また、彼が松下村塾で教えた弟子たちは、日本の歴史を大きく変

え、幕末から明治という時代を支えることになったのです。

また、ユダヤ人の子供たちは、小さな頃からユダヤ教の基礎を「丸暗記」させられて育つと聞きます。その理由は、「幼少期から記憶力の容量を大きくしておくため」だそうです。物理学者アインシュタインや数学者フォン・ノイマンのような天才を次々と生み、ノーベル賞受賞者を多く輩出していることを考えると、ユダヤ人の詰め込み教育が子供たちの創造性を損なっているとは、まったく考えられません。

「意味もわからず頭に叩き込むこと」の意味

こう説明すると、さっそくこうおっしゃる方が現れそうです。

「わかった、わかった。子供には詰め込み教育をすればいいんだろう」

ちょっと待って。早合点しないでください。

子供に詰め込み教育を施すのは、もちろん結構です。しかし、その前に、まず自分でやってみましょう。

記憶力が年齢に関係ないことはすでに説明した通りですから、「詰め込み」も「丸暗記」も、年を取ってからでも十分にできます。いや、十分にできるどころか、「詰め込み」や「丸暗記」を普段から行うことによって、あなたの能力は飛躍的に向上するのです。なぜなら、暗記の訓練によって脳内のニューロンの数がどんどん増加し、いわゆる「脳力」が、自分でも信じられないほど発達するからです。

ちなみに、私自身は、大学に入学した後が、いちばん記憶力が衰えました。入試が終わってホッとして、大学の授業もいい加減に聴講したり、サボったり……といった生活でした。そのため、ごく簡単な漢字さえ書けなくなってしまったのです。大学で4年間のレジャーランド生活をしているうち、しっかりと「おバカさん」になってしまいました。

ところが、司法試験の受験勉強をしていた29歳の頃、私の記憶力は、自分でも信じられないほど飛躍的に向上しました。

当時の司法試験には「教養選択科目」というのがあって、私は「会計学」を選んだのですが、予備校の会計学の授業がさっぱり理解できませんでした。仕方がないので、講師の先生が「暗記しろ」と言った部分（テキストの3分の1くらいありました）を、何度も何度も声に出して丸ごと覚えたのです。たとえば、「棚卸資産《たなおろし》とは、商品、製品、半製品、仕掛品《しかかり》……」といった具合です。当時はわけもわからず、ただひたすら暗記しました。

ところが、**暗記が進むにつれ、不思議なことに「理解が後からついてくる現象」が起こったのです。**会計学は、もちろん体系的な学問ですから、ある部分を理解するためには、他の部分がどうだったかがすぐに思い出せないと、頭が混乱してしまいます。逆に私は、暗記を重ねた上で損益計算書や貸借対照表を見たため、まさしく目からウロコが落ちるように、その内容がクリアに理解できるようになりました。

たとえば、さきほどの例の「棚卸資産」。これは一応、資産ではありますが、業種や業態によっては、「デッド・ストック」になっている場合がかなりあります。つまり在庫過多ということです。

棚卸資産が在庫として眠っていることが多いと聞いたとき、私は急に、「商品、製品、半製品、仕掛品……」という、前に丸暗記したフレーズを思い出しました。そして次の瞬間、「そりゃあそうだろう。商品、製品、半製品、仕掛品……が多いということは、売れ残りがたくさんあるということだから」と納得したのです。

このように、意味もわからず機械的に頭の中に叩き込むことによって、理解が進み、深まる――ということが、実際には多々あるのです。

そういえば、20年近くたっても人気が衰えない田中角栄元首相は、行政上の細かい数字や、各省庁の役人の顔と名前を「丸暗記」していたそうです。国会答弁や委員会では、ソラで細かい数字をスラスラ答えて周囲を驚かせ、役所では「やあ、○○君、今度結婚なんだってねえ」と声をかけて役人たちを感激させたとか。

勉強法とは直接の関係はありませんが、「丸暗記」が実社会でも大いに役に立つ事例と言えるでしょう。

想定される反論と、それに対する再反論

私がこう説明しますと、必ずと言っていいほど出てくる反論が、いくつかあります。その代表的なものを二つほど挙げて、再反論をしてみたいと思います。

反論① 検索機能が普及している今、暗記は必要ない

よく、「最近は、インターネットで検索すればすぐに必要な情報が得られるので、いちいち暗記する必要はない」と言う人がいます。いや、そう言う人がいるのは、現在だけではありません。私が大学生だったときも、行政法の講義を担当されていた塩《しお》野《の》宏《ひろし》教授が、

「（文献や資料が）入っている引き出しさえわかっていれば、その中身まで暗記しておく必要はない」

とおっしゃっていました。それと同じことではないでしょうか。

確かに、大学教授のように、専門分野に関する膨大な文献を、あちこちから引っ張ってこなければならない立場の方は、すべてを暗記していたら大変なことになります。

しかし、われわれ実務家やビジネスパーソンが最低限必要なことを暗記するのは、それとはまったく別の問題です。

たとえば、何かの会議で、ある会社の財務諸表が資料として配られたとします。そ

のとき、それにザッと目を通して、その会社の財務内容を大ざっぱにでも把握できる能力は、ビジネスを円滑に進める上で必須でしょう。まさか、勘定科目や財務の分析をするために、ノートパソコンで検索するなんてことをやっていたら、間違いなく能力を疑われます。

私のような弁護士でも、法廷で、当然知っているべき法律や判例、事務手続きなどを知らないことがバレてしまうと、相手の弁護士が余裕の笑みを浮かべるはずです。逆に、「こんなことまで覚えているのか？」と驚かれるようなことを、何も見ないでスラスラ話せれば、さきほどの田中角栄元首相の例ではありませんが、相手の弁護士から「一目置かれる」ことは間違いありません。

いくら検索すればいいと言っても、ある程度の知識が最初になければ、ネット検索そのものさえできないし、仮にできたとしても、膨大な時間がかかってしまうはずです。

なぜなら、ネットで単語を検索すると、それなりに通用している言葉の場合、何千、何万という情報が出てくるため、その中から最適なものを選ぶのは大変な労力が必要になります。たとえば、本稿執筆時に私の名前「荘司雅彦」をグーグルで検索したところ、1万6400件も出てきました。私の名前でさえそうなのですから、もっと一般的な言葉であれば、推して知るべしでしょう。

反論② 知識だけの時代は終わった

社会学の大家であるダニエル・ピンク氏は、著書『ハイコンセプト』(三笠書房)の中で、「従来の知識はどんどんアウトソーシングされていき、デザイン力や物語力など、より高次元な能力を持った人間が成功する時代になる」といった主張をしています。

しかし、それは、「丸暗記した事項や詰め込んだ事項が、すべて不要になってしまう」ということを意味しているのでしょうか?

ピンク氏はそこまでは言っていないと、私は思います。

詰め込んだ知識や経験が、それぞれ頭の中で関連し合い、ある種の「化学変化」を起こして、新しい発想を生み出す――と私は考えています。美しいデザインを作ったり、感動的な物語を書いたりする能力は、その人の脳にインプットされた多くの情報が内部で加工されて、一見すると別物のような形をとってアウトプットされた結果なのでしょう。

脳に何も入れなければ、何も出てこない。こんな、当たり前すぎるほど当たり前な真実が、とかく忘れられがちなのが残念でなりません。

結局、**いくら検索機能がよくなっても、丸暗記すべき事項はたくさんあるのです。「丸暗記した、まったく違う分野の事項同士」が、いわば化学反応を起こして、画期的な新しいものを創造するのです。**

「丸暗記」をして脳のニューロンを増やせば増やすほど、いわゆる「脳力」が強化されることは、疑う余地がありません。

徹底的に暗記するためのスーパーテクニック

次に、「丸暗記」や「詰め込み」の効果的なやり方を説明していきます。

たとえば、英単語の丸暗記をするとしましょう。このとき、何度か繰り返し声に出して単語集を読み、ざっと確認して、「よし、覚えた！」となる方はいらっしゃいませんか？

結論から言いますと、これは覚えたつもりになっているだけで、まったく暗記したことにはなっていません。実は、多くの人が、このように「暗記したつもりであること」と「本当に暗記したこと」を混同しています。そして、単に暗記したつもりになって、本当は暗記していないのに、「ああ、覚えたことを忘れてしまった」と嘆いているのです。

そこで、本当に「暗記した」と言えるための方法を紹介します。

具体例として、さきほどの、50個の英単語を覚えるケースを説明しましょう。

まず最初に、単語と日本語訳を見て、一通り音読します。次に、日本語訳を隠して、英単語を見ただけで訳が言えるかどうかを確かめ、言えなかったものにチェックを入れていきます。そして、チェックが入ったものだけを一回りさせ、それでも訳が言えなかったものにさらにチェックを入れ、そこでチェックがついたものだけをまた回します。

この作業を繰り返し、5～6個くらいチェックがついたものについても、完璧にスラスラと訳が出てくるようになれば、第一段階は終了です。

そして、今度は逆に英単語の方を隠し、「日本語訳だけを見て英単語を思い出す作業」をします。思い出せなかったものにチェックを入れて何度も繰り返すのは、さきほどと同じです。

おそらく、このあたりまでは、やっている人が多いのではないかと思います。

しかし、肝心なのは、この後の「ダメ押し」なのです。一通り覚えたと思ったら、今度は単語の順序をアトランダムに入れ替えて同じ作業をすると、あら不思議、完璧に覚えていたはずの単語の訳が出てこない……という場面に何度か出くわします。

要するに、順序や書いてある場所とリンクして覚えているものは、その順序や場所を変えてしまうと、途端にわからなくなることが多いのです。

私は高校生の頃、暗記事項を単語カードに書き込んでいました。そして、覚えられたものは机の左に、覚えられなかったものは右に置いていき、すべてのカードを左に置くことができるようになるまで、暗記の確認作業を繰り返しました。その後、カードをシャッフルして、順序を変えて同じ作業を行い、またすべてのカードを左に置くことができるようになるまで繰り返しました。

それでも、どうしても右にばかり行くカードが、必ず数枚は出てきます。そこで、その「難物カード」だけを試験直前に集中的に見られるよう、別のリングで括っておきました。

ここまでやれば、順序が変わろうと、英訳であろうと和訳であろうと、その時点ではほぼ完璧に暗記できます。

そして、さらなるダメ押しとして、就寝前に、もう一度すべてのカードに目を通して寝ました。睡眠中は忘却率がきわめて低くなるため、寝る前に暗記事項を確認するのは、とても効果的なのです。

ただし、前に述べたように、このような暗記作業を集中的に続けると、記憶の効率が低くなります。そこで、他の作業の合間を縫って行いました。

少し厳しい言い方になりますが、これくらいきっちりと暗記をしておかなければ、

「覚えたけれども忘れてしまった」などと言う資格はありません。「忘却」を心配する前に、まず「暗記の徹底」を図ることが重要なのです。

4週間で英検に合格した娘

さて、本当に暗記を徹底したら、あとは「どのようにして暗記した事項を保持するか」というポイントが重要になります。

記憶の喚起をタイミングよくやれば、覚えた内容を長期記憶として、頭に定着させることができる——ということは前にも触れました。心理学の実験によると、ある程度の時間を置いてから記憶を呼び起こす作業を行った方が、長期記憶として定着しやすいそうです。

ですから、**暗記した翌日に復習をするよりも、翌々日あたりにやって、さらに1週間後に2度目の復習をするくらいがいい**と思います。

ここで、私が娘を（言葉は悪いのですが）材料に使って、ある「実験」をやったときのことをお話ししましょう。

娘が小学校4年生の9月のとき、私は「早めに英語の初歩を覚えさせておこう」と思い、英検5級にチャレンジさせることにしました。しかし、そのとき、試験までは4週間強しかありませんでした。

私はさっそく、テキストと問題集を買ってきました。テキストも問題集も、ともに「2週間で完成」を謳《うた》い文句にしていたので、「両方を2週間ずつやって、ちょうど4週間で準備できる」と判断しました。

まず、テキストを「レッスン1」から始めて、毎日レッスンを一つずつこなし、さらにそれを2日後に復習するようにしました。要するに、「レッスン3」をやる日は、同時に前々日にやった「レッスン1」を復習する、という方法をとったのです。つまり、中1日を空けて、記憶の喚起作業を繰り返していったわけです。

こうして、テキストはきわめて順調に、2週間で終えることができました。そこで「予定通り」とばかりに問題集に移ったところ、娘はバツの悪そうな顔でニヤニヤしながら、

「お父さん、何が書いてあるかわからないよ……」

と言い出しました。

実は当時、娘は学校でローマ字を習っておらず、そのため、英語で書かれた問題文や選択肢の文章がまったく読めなかったのです。テキストをやっている間は、私の説明やCDを聴いて、それに従っていればよかったのですが、自力で読む段になると、まるでお手上げになってしまったのです。

私は、「あ、これは盲点だった」と愕然としましたが、「ここで負けては、勉強の方法論の大家（自称です）の名がすたる！」とばかりに、一気に方針転換を図りました。娘に、「問題文の単語が読めなくとも問題が解ける方法」を授けたのです。

具体的には、「『What』で問いかけてくる問題の場合は、絶対に『Yes』や『No』という選択肢は選んではいけない」とか「問題文に『or』が入っている場合、答えは『or』の前の単語か後ろの単語になるので、解答欄にはどちらか一つしか書かない」という具合に、「解答虎の巻」を作ったのです。私は娘にその「虎の巻」を見せながら問題を解かせ、試験直前まで「虎の巻」を読ませ続けました。

結果として、娘の英語力はほとんどつきませんでしたが、試験だけは合格最低点より9点も上の成績で合格しました。

このような方法は、英語を学ぶやり方としては正当なものではなく、決してお勧めはしません。やはり、地道に基本から学んでいくのが、あるべき勉強の方法です。ただし、「何でもいいから合格したい、そのために要領よく物事を記憶したい」といった場合の「オキテ破りの裏技」あるいは「非常手段」として、そういう状況に置かれた人には何らかの参考になろうかと思います。

問題はひたすら数をこなせ

さて、暗記すべきことをきちんと暗記して、記憶の定着もほどほどにできたら、あとは問題を解きまくりましょう。もちろん、暗記作業を完璧にするのがつらい人や、うまくはかどらない場合は、いきなり問題集に取り組んでもいいと思います。

問題を解く作業には、「記憶の定着をより確実にし、覚えた事項を真に理解することを助ける」という巨大なメリットがあります。完璧には記憶していない場合でも、重要な部分を問題形式で見ると、それだけで理解と記憶の定着が進みます。

「結果の出来・不出来」は、まったく気にすることはありません。**とにかく、「問題をひたすら解いていくうちに、記憶と理解がついてくる」と信じましょう。**くじけずに、どんどん問題に当たり、ある程度考えた上でどうしてもできない部分は、さっさと解説と解答を読んでしまいましょう。

同じ問題集に飽きたら、別の問題集に移りましょう。ともかく「やる気」が起きるように工夫して、「数をこなす」ことを心がけるのです。

これも英単語を記憶するときのように、解けなかった問題をチェックしていって、チェックがついた問題が全部できるようになれば、ほぼ完了。したがって、なるべく基本的な問題を集めた薄手の問題集をやるか、あるいは「基本編」と「応用編」の両方がある通常の問題集でも、基本問題だけを先に2〜3回転させる（解けない問題をチェックして繰り返し解く作業を2〜3回やる）方が効率的です。

力がついていないうちから応用問題に挑んで、ウンウンうなるだけでは、勉強自体が楽しくなくなります。それに、何よりも時間のムダになります。応用問題でつまずく人の多くは、基本問題の理解が不十分なのです。

法律学編

最重要ポイント2点を押さえれば、法律学はバッチリ!

司法試験を受験する人以外の間でも、法律学に対するニーズはかなり高いものがあります。それは、多くの資格試験で「法律科目」が必修になっているからです。

私は司法試験の受験生時代も、その後、教える側に回ってからも、たくさんの資格試験の受験者を見てきました。その結果、「法律学という科目では、得意な人と不得意な人の間に、はっきりと線を引くことができる」ということに気づきました。

では、その「得意な人と不得意な人を分かつ線」は何かと言いますと、

① 「法律学は条文の解釈学だ」ということがわかっているかどうか
② 「条文には体系がある」ということがわかっているかどうか

の2点です。本当に、たった2点に尽きるのです。逆に言うと、この2点さえきちんと理解できれば、法律学の勉強は格段に進むことになるのです。ずいぶん簡単でしょう？

まず、「法律学は条文の解釈学だ」という点ですが、たとえば「民法」を学習しようとする場合を考えてみましょう。このとき、普通は、定評のある民法のテキストや、自分好みのテキストを買ってきて読みますね。場合によっては、予備校で民法の講義を受けたりするかもしれません。

しかし、民法の条文ごとに解説をしている書籍（コンメンタールとも呼ばれます）を読む人は、案外少ないのです。本来であれば、条文を読んで、その条文をどのように解釈・適用するかが問題なのに、その作業をしない人があまりにも多いのです。これでは本末転倒です。

私は学生時代、有斐閣が刊行していた新書本サイズの民法のコンメンタールを電車の中で読み、思わず膝を叩きました。

「授業のテキストとしては難しい概説書を使っているけど、何だ、あれは要するに、条文の解釈と適用について偉そうに書いてあるだけじゃん！」

こうして、目からウロコが落ちるように、法律の勉強が楽になりました。

次に、「条文には体系がある」という点です。

民法では、項目が「総則」「物権」……という具合に並んでいますし、憲法も「統治機構」と「人権」に分かれています。

たとえば、民法で「売買」に関する問題が出たら、まず「契約」の売買の条文に当たってみて、それでもうまく処理できなければ、「総則」に戻ればいいのです。これが、条文の体系性を追って理解するということです。憲法にしても、「個人の尊厳」が最大の価値原理ですから、「統治機構」は「人権」を最大限尊重するための道具だ——と考えればいいのです。

このような体系性を意識して勉強すれば、法律学は面白いように理解できるようになります。

勉強しなければならないのだけれど、法律学はどうも……という方は、ぜひ「法律学とは条文の解釈学だ」「条文には体系がある」という2点をいつも思い出しながら勉強してください。

ルール11 勉強の時間帯は気にするな！

活性化していない頭で勉強しても無意味

資格試験でも入学試験でも、合格するとほぼ必ず質問されることがあります。それは、

「一日に、何時間くらい勉強しましたか？」

というものです。

こう聞いたり聞かれたりしたことのある方も、きっと多いことでしょう。しかし、この質問にはあまり意味がありません。

よく、「勉強時間よりも、こなした内容が大切だ」と言われます。多くの勉強法の

本にも、似たようなことが書かれています。確かにその通りです。一日に何時間（形式的に）勉強したかよりも、どんな内容をこなしたかが大切だというのは、まったく正しい意見です。

さらに重要なことが、一つあります。ある内容を「こなした」と思っていても、実は「こなしたつもり」になっているだけのことが少なくない――という点です。言い換えれば、その日の課題は一応こなしたけれども、まったく頭に入っていないケースがあるということです。これではやはり、まったく無意味なのです。

「こなしたけれども、まったく頭に入っていない場合」の典型は、眠気をこらえて、ときどき居眠りしてしまう自分を叱咤激励しながら勉強するというケースです。そのような経験のある方も、やはり多いことでしょう。眠気をこらえた分、自分では結構頑張って勉強を進めたような気がするものの、実際はまるで頭に定着していません。

私自身も、勉強法に未熟な時期には、このような経験をしたことが少なからずありました。夜遅くまで勉強している自分に満足し、「たくさんの課題をこなせた」というだけで達成感を感じていました。しかし、思ったほど勉強の効果は上がっていなかったのです。

やがて、経験を積むうちに、「勉強している間は、必ず脳を活性化した状態に保っていなければならない」ということがわかってきました。脳が活性化していない状態で勉強した時間（眠気と闘いながら勉強した時間）は、仮にその日のノルマをこなしたとしても、まるで無意味な時間になってしまうのです。

具体的に言うと、「眠気と闘いながらの勉強」は、以下のように計り知れないマイナス効果を生んでしまいます。

① 眠気と闘ったり、居眠りをしたりしながら勉強している箇所は、当然のことながら、ほとんど頭に入らない。

② その箇所を「勉強したもの」として先へ進んでしまうと、最初から順番に理解していかなければならない科目では、「次の段階」がわからなくなってしまう。結果として、その科目が嫌いになったり、途中で投げ出してしまったりしがちになる。

③　居眠りは、普通に寝ているのに比べると、休息効果が著しく低い。そのため、居眠りしたとしても、疲れが後に残ってしまい、翌日以降に支障が生じることがある。

以上、「眠気と闘いながら勉強する場合」の問題点を挙げたわけですが、**とにかく勉強というものは、脳が活性化した状態、すなわち脳がベストコンディションのときに行うべきなのです。**もちろん、

「そんなことはわかっているんだけど、仕事の関係で時間が取れないんだよぅ」

というお叱りを受けることは、百も承知しています。

一日の仕事を終えて帰ってくれば、普通は疲れ果てていて、とてもベストコンディションどころではないでしょう。それはよーくわかります。

……と言ってうなずいているだけでは、読者の方にとって何の役にも立ちませんので、以下、私なりの提案をさせていただきたいと思います。

提案1　無理に早朝勉強をしなくてもいい

私は日本長期信用銀行（長銀）に入行したときの新入行員研修で、当時、取締役調査部長で著名エコノミストでもあった竹内宏《たけうちひろし》氏の講義を受けました。

そこで竹内氏がお話しになった中に、

「私は若い頃から、午前3時に起床して、フレッシュな頭で毎日勉強してきました。頭がボケてくる夕方の時間は、銀行業務に押しつけてね（笑）」

というセリフがありました。要するに竹内氏は、早朝勉強を続けた結果、名著『路地裏の経済学』（日本経済新聞社）などで有名なエコノミストになれたということです。

もっとも、竹内氏の講義が終わった後、人事部の研修担当者から、

「君たちは絶対に、頭がボケた時間を銀行業務に押しつけるような真似はしないように」

というキツーイ念押しがありましたが……。

最近は、当時よりもさらに多く、早朝勉強の効果を説く本が書店に並んでいます。

読者の皆さんの中にも、ふと「早朝勉強をしよう」と思い立って午前3時や4時に起床し、参考書を開いた経験をお持ちの方がいらっしゃるのではないでしょうか？　そして、失礼ながら、挫折した方もたくさんいらっしゃるのではありませんか？

では、そういう方が挫折したのは、「意志力」が弱いのが原因なのでしょうか。

いいえ、実は、挫折の原因は決して意志力の弱さではない――という場合が多いのです。

実際、私も何度か早朝勉強に挑戦したことがあります。

そのとき、午前3時や4時に起床すること自体は、「意志の力」で何とかなりました。しかし、活字を読んでいると、1時間もしない間に目がひどく疲れ始め、途中で休憩を入れても、1時間くらい勉強するのが精一杯でした。その代償としてぐったりとした疲労感が残り、その日の仕事や勉強に大変な支障をきたしました。

「そのうち慣れるだろう」と思い、1ヵ月くらい我慢しましたが、どうしても症状は改善されませんでした。

そこで、時差ボケ(?)を修正しようと、前に紹介した(57ページ参照)フィリップス社製『エナジーライト』を買って「目覚めモード」を作ってみました。すると、疲労感はかなり減りましたが、午前3時や4時ではなく、5時や6時に起床した方が調子がいいということがわかりました。

これは、私の「交感神経」と「副交感神経」がなかなか頑固者で、思うようにスイッチしてくれなかったのが原因だろうと思っています(当然、個人差はあるでしょうが)。

人間の身体は、活動している昼間は、心身をある程度緊張させ、活発化させる「交感神経」が働きます。逆に睡眠をとっている夜間は、心身をリラックスさせてエネルギーの消耗を抑える「副交感神経」が働くようにできています。当然ながら、勉強のように頭脳をフルに活動させる作業を行う場合は、「交感神経」が働いていなければなりません。

午前3時に起床して、すぐに交感神経にスイッチできる人もいれば、私のように、すぐにスイッチできずにスリープ・モードの副交感神経が働き続け、疲労だけが蓄積してしまうタイプの人も、案外多いようです。

柔軟にスイッチできる人は、可能であれば、早朝勉強にトライしてみてください。『エナジーライト』のような効能を持つ機器を利用するのもいいと思います。

その一方で、**私のように、何度トライしてもできない人は必ずいます。そういう人は変なコンプレックスを感じる必要はまったくありませんし、まして、根性だけで早朝勉強を続けるのは無意味なことです。**「副交感神経が働いたまま、脳が活性化していない状態で無理に勉強しても、まるで効果が上がらない」というのは、さきほど述べた通りです。

提案２　ベストの時間を作り出そう

このように説明しますと、

「わかりました。無理に早朝勉強をしなくてもいいのはわかりましたけど、それじゃあ、いつ勉強すればいいんですか？」

という疑問が、当然のことながら生じてきますね。

私はそれに対し、読者の皆さんのライフスタイルに合わせて、三つの方法を提案したいと思います。

①起床時間を少しだけ早める

これは、出勤や登校のために家を出る時間がある程度遅くてもいい人、たとえば、「午前8時に家を出れば間に合う」といった人のための方法です。

早朝勉強とは言いません。起床時間を少しだけ早くしてください。たとえば、今まで7時に起床していた人は6時に起きる、それが無理なら6時半……という具合に。

早起きと言っても、この程度であれば、コンディションを崩すことはないでしょう。この朝の1時間は、夜の3時間にも匹敵します。たった1時間、あるいは30分でもいいのです。とても集中して勉強できること請け合いです。

ちなみに、私の娘は小学生のとき、午前8時前に家を出ればよかったので、私は娘を6時半に叩き起こし、毎朝1時間程度、中学受験の勉強をさせていました。「起床→シャワーを浴びる→気功体操→百ます計算」……という流れでエンジンを温め、そ

ベストの時間を作り出す三つの提案

❶ 起床時間を少しだけ早める

この1時間は
夜の3時間に
匹敵する
いつも起きている時間
目標としたい時間

❷ 会社や学校での「空き時間」を使う

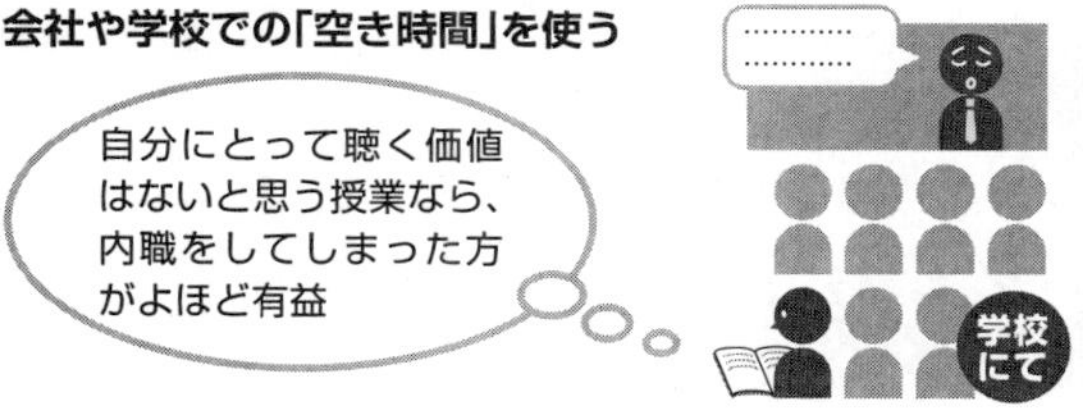
自分にとって聴く価値
はないと思う授業なら、
内職をしてしまった方
がよほど有益
学校
にて

会社
にて
仕事が終わってもイジイジ
居残りをしなければならな
いぐらいなら、会議室など
で勉強してしまえ

❸ 帰宅後、20分仮眠を取ってから勉強する

20分
この20分は、勉強の効
率で測ると何倍にもな
って返ってくる！

れから問題集に取り組ませました。その効果が絶大であったことは、言うまでもありません。

②会社や学校での「空き時間」を使う

誰にでもお勧めなのが、仕事や授業の合間などの細かな「空き時間」や「スキマ時間」を、勉強時間として活用することです。数分くらいの短い時間でも、マメに使うのです。それが積み重なると、膨大な勉強時間になります。

外回りの営業マンだと、移動中に本を読んだり、音声教材を聴いたりできます。勤務先が「護送船団方式」で、自分の仕事が終わってもイジイジと居残りをしなければならないような場合は、カンニング・ペーパーを用意しておいて、仕事しているフリをして勉強するなり、会議室などに逃げ込んで勉強するなりしましょう。

学校で、自分にとって「聴く価値のない授業」を受けさせられているときは、内職をしましょう。私は高校3年生のとき、前もって生物IIのノートに数学の問題を書いておいて、生物IIの授業中に解いていました。

言うまでもないことですが、通勤や通学の電車内などは、格好の勉強環境です。

空き時間やスキマ時間を使えば、いずれも仕事に支障が出ることもないでしょう。誰に迷惑をかけることもない行為です。バレないように控えめにやっていれば、後ろめたい気持ちになる必要はまったくありません。

③帰宅後、20分仮眠を取ってから勉強する

どうしても帰宅後しか時間が取れない方は、ちょっと仮眠を取ってから勉強してはいかがでしょう。私や娘を含む複数の人の経験から、時間は20分くらいが最適だと思われます。

仮眠の際には、さきほど紹介した『酸素エアチャージャー』のような酸素補給機器を使うのも、脳の疲労を回復する手段として有力です。脳は酸素をたくさん必要とするため、仮眠のときに酸素を吸っているだけで、頭がかなりシャキッとします。

私の娘は、小学校から帰ってくるといつも疲労困憊《こんぱい》していたので、まずは『酸素エアチャージャー』で酸素を吸わせながら、20分ほど仮眠させました。その20分は、勉強の効率で測ると、何倍にもなって返ってきました。

どうしても脳が活性化しないときは、「眠りを稼ぐ」べし

「脳は完璧な状態のはずなのに、なぜか頭がボーッとしてしまうときがあるんです。まったくやる気が起きなくて……」

と嘆く人の声をよく聞きます。私もたまに、そういう状態になるときがあります。

これは、疲労が大きく蓄積していたり、気候の変化に身体が慣れていなかったりするときによく見られる現象です。また、身体のバイオリズムが下がっているときも、同じようになります。

このように、**自分ではコントロールできない「不調」のときでも、勉強そのものは続ける方がいいのです。なるべく簡単な復習をやったり、簡単な問題集をやったりして、できるだけ学習のペースを乱さないようにしましょう。**すると、次第に脳が活性化してくることがよくあります（脳科学では、このような状態を「作業興奮」と言います）。

しかし、「それでもボーッとしてしまってどうしようもない」というときは、仕方

がありません。思い切って休憩してしまいましょう。

「休憩」と「サボリ」とは、まったく異なります。勉強をサボると「サボリ癖」がついて、後々まで悪影響を及ぼしますが、休憩すれば心身が休まり、エネルギーが蓄えられます。

どうしようもなくやる気が出ない状態に陥ってしまったら、とにかく「眠りを稼ぐ」ことに努めましょう。罪悪感を覚える必要など、まったくありません。エネルギーを補給するのだと思って、スパッと休んでしまうのです。エネルギー補給のための休憩は、勉強にプラスになる有益な行動です。

もちろん、休憩を口実にサボってばかりいては、絶対にいけません。

ルール12 マトリクス計画表が効果を倍増させる

「計画倒れ」に終わる原因がわかった

本書の読者の中には、すでに資格試験や入学試験など、何か一つの目標を決めている方が、多数いらっしゃるのではないかと思います。

昔から、入試をはじめとして、「試験勉強」と「勉強計画」は、不可分の関係のように言われてきました。しかし、自分の経験を振り返って、「計画をしっかり実行できて、試験にもバッチリ対応できた」という人は、本当はかなり少ないのではないでしょうか？

私自身の苦い経験を振り返ると、大学入試の合格を目標にしていた高校時代は、毎度のように「計画倒れ」を起こしていました。

夏休みのような長い休みの前は、「いくらでも勉強できる時間がある」という気になり、あれもこれもと参考書を買い込んできて、気合いを入れたものです。しかし、休みが終わる頃になっても、買い込んだ参考書のほとんどは、「まっさら」のままでした。

それでも、**休みに入るたびに「今度こそ！」と計画を立てるのですが、そのたびに「計画倒れ」になって、自己嫌悪に陥っていました。**高校3年生になり、いよいよ後がなくなったときは、さすがの私も過去の失敗を繰り返さないよう、「計画倒れの原因」を考えるようになりました。

そこで判明したのは、きわめてシンプルな事実だったのです。

つまり、「計画した量があまりにも多すぎて、実際の勉強は決して追いつくはずがない」ということでした。当時の私が欲張って立てた計画を消化するには、極度に睡眠時間を削って、それこそ30分のムダもなく、食事もそこそこに勉強しなければならなかったのです。もちろん、「想定外の出来事が生じる」などというのは、あってはならないことでした。

そこで私が考えたのは、まず、夏休みなら夏休み、冬休みなら冬休みの期間内にやってしまいたい教材を、全部机の上にドサッと置き、それぞれをこなすための時間を計算する——ということでした。

たとえば、分量が100ページある問題集について、1時間で10ページこなせるとすると、全部を終えるには10時間が必要になります。同じように、参考書の類も、分量を見て「こなすのに必要な時間」を算定していきました。

こうして、「やっておきたい教材」をすべてこなすのに必要な時間を出したら、次は、それらを合計して「総必要時間」をはじき出します。

この総必要時間が、仮に500時間になったとします。それに対して、教材すべてをこなしてしまいたい期間の「日数」が25日間だとすると、1日に20時間の勉強をしなければならない計算になります。これは、ほぼ不可能です。

ところが、当時の私はこのように、期間内に与えられた「処分可能時間」よりも、教材をやり遂げるための「総必要時間」の方が、明らかに多くなっていたのです。休み前の「いくらでも時間がある」という錯覚が、この時点で打ち砕かれてしまいます。

読者の皆さんも（おそらく）経験がある「計画倒れ」は、こういう原因で起こるのです。

たっぷり時間がある（ように思える）長期の休みに加え、特に「気合い」が入っているときに立てる計画は、たいていの場合、「総必要時間」が「処分可能時間」を上回ってしまうものなのです。ご注意ください。

自分の「処分可能時間」を把握せよ

こうして私は、「計画倒れ」の原因を突き止めました。そこで、勉強の計画を作るときに、「総必要時間」とともに「処分可能時間」もきちんと計算することにしました。

たとえば、勉強できる期間の初日が8月1日で、最終日が8月31日だとします。そのときは、横の罫線が入ったレポート用紙やルーズリーフ用紙に縦線を2本入れて、左の枠に上から「1、2、3、4……31」と日付を記入していき、その隣の枠には「月、火、水、木……」と曜日を記入して、自前の予定表を作りました。そして、授業や模試などの行事は、とにかく予定表に全部記入していきました。

当時、高校生だった私は、「午前　補習授業　数学」というふうに、行事の予定を片っ端から書き込んでいったのです。後に司法試験の準備をしたときは、「予備校の講座・民法」とか「模擬試験」といった具合に書き入れていきました。

要するに、最初から予定されていて自分の都合で勝手に動かせない用件（＝固定された用件）は、最優先で予定表に書き込んでしまうのです。こうして、「固定された用件に必要な時間」を、期間内のすべての時間から差し引いていけば、残るのが「自分で自由に処分できる時間＝処分可能時間」になります。このように、予定表にすべてを書き込むことで、処分可能時間を把握しやすくするのです。

私はまた、予定表に、1週間のうち最低半日は空白時間を設けておきました。これは、その週にアクシデントが発生した場合、それに取られた時間を補うためのものです。いわば「補欠時間」とでも呼べる予備の時間です。

こうやって、決められた期間内での「処分可能時間」の合計が出ます。8月1日から31日までで、仮に200時間程度としておきましょう（勉強のみに専念できる立場の人でも、現実にはいろいろな用事が入りますから、だいたいそれくらいになると思います）。

ここで、「第一のふるいがけ」を行います。つまり「こなしたい課題」の中でも、優先度が明らかに低いものがいくつかあるため、それを外していくのです。

その上で、さきほど述べたような方法で「総必要時間」を計算します。多くの場合、ふるいがけをした後でも、300〜400時間になってしまいます。

処分可能時間が200時間であるのに対して、総必要時間が300〜400時間。こう出してみて初めて、自分に残された時間がいかに少ないかを実感するものです。

私も、いつもこの作業をやったあとは、呆然としていました。

しかし、呆然としてばかりはいられません。次に、身を切られるようなつらい作業がまっているのですから……。

最強の計画表の誕生

そのつらい作業とは、「処分可能時間に合わせて、ふるいに残った課題をさらに削っていく作業」です。つまり、一度ふるいがけをして残った「これだけはやっておきたい課題」から、さらに優先度の低いものを、「第二のふるいがけ」でカットしていくのです。

これをやるときの心情は、かなりきついものがあります。「これだけは」と思って残したものから、さらにバッサバッサと切っていくのですから……。それでも、**全体の効率向上のためには、優先順位が相対的に低いものを捨てていかねばなりません。**

こうして、本当に大切な教材や課題だけが、「処分可能時間内にこなすことが可能なもの」として残ります。

さて、やるべき課題を厳選したら、次にそれらを、目的に応じて毎日の時間内に振り分けていきましょう。

まず、それぞれの課題を、さきほどの予定表の上に列記し、その課題ごとに縦に線を引いて、区切っていきます。こうして、**日付を記した横の区割りと、課題を並べた縦の区割りがクロスして、マトリクス的なスケジュール表ができ上がります。これを私は、「マトリクス計画表」と名づけました。**

私が司法試験の勉強をしたときの例を挙げますと、その年の8月1日の欄には、「憲法基本書」の項目に2と記入し、「憲法問題」と「民法問題」にそれぞれ1と記入しています（199ページの図説参照）。この数字は時間の意味で、つまり憲法基本書読みを2時間、憲法問題と民法問題をそれぞれ1時間ずつやることを意味しています。

この場合に注意すべきは、「1日に同じ課題や同じ作業を集中させすぎない」ということです（そのため、憲法基本書読みも、結局、2時間を1時間ずつに分けて行いました）。同じ内容の勉強を長時間続けていると、学習効率が下がるからです。「区切ることができる最低単位」をなるべく縦の枠に一つずつ入れて、多様な勉強を進めるようにしましょう。極論すれば、さきほどの8月1日のケースでも、「憲法基本書　2」とせずに、憲法基本書のマスを縦に二分する方がすっきりしたかもしれません。

こうしてマトリクス計画表ができたら、後はそれに従って勉強するのみです。このとき、こなした課題を、複数の色のラインマーカーで塗っていくのがお勧めです。それによって、進捗状況が一目でわかると同時に、科目別に色分けをすると、どの科目が進んでいるかがわかるからです。

計画表は「勉強の浮気心」を封じる

このように説明していくと、仕事が忙しい人からは、

「毎日の処分可能時間なんて、とても算定できないよ」

「毎日少ししか勉強する時間が取れないのに、計画表を作っても、その手間に見合う効果があるの？」

などという声が上がるかもしれません。

しかし、たとえ勉強する時間が1日に1時間くらいしか取れなくても、このような

マトリクス計画表の作成手順

❶ 処分可能時間内に収まるよう、課題を厳選する

❷ 課題を予定表の上に列記し、縦に線を引いて区切っていく

			憲法基本書	憲法問題	民法基本書	民法問題	刑法基本書	刑法問題
8/1	金	午前　補習授業　数学	2	1	2	1	1	1
2	㊏	10:00~18:00　予備校		1		1		
3	㊐	家の引っ越し　終日						
4	月		1		1		1	1
5	火	18:00~20:00　予備校	2	1	1	1	2	1
6	水		1	2	2	2	1	2
7	木	18:00~20:00　予備校	2	1	2	1	1	1
8	金		2	1	2	2	2	1
30	㊏	10:00~18:00　予備校	1		1			
31	㊐		2	2	2	2	2	2

❹ 課題をこなしたら、数字の部分を複数の色のラインマーカーで塗っていく

❸ 課題をこなす時間数を表に書き加えながら、課題を日ごとに割り振っていく

POINT 週に半日(6時間ほど)は「空白時間」を設ける。この例の場合は毎週月曜に6時間空白時間を設けたため、本来1日10時間できるところを1日4時間として計算した

❺ マトリクス計画表が完成！後はこれにしたがって勉強するのみ！

計画表を作っておいた方が、間違いなく効果が上がります。「朝の1時間」とか「通勤の1時間」だけの計画で構いません。

それは、計画表を作ると、別の効果も見込めるからです。それは、「勉強の浮気心を封じる効果」です。

「勉強の浮気心」とは、聞き慣れない言葉だと思います。たとえば、

「そうだ、今日はやろうと思っていた問題集をやめて、新しく買ってきたテキストを読んでみようか。そういえば、最近やっていない過去問も気になるなあ……」

というふうに、その日の気分によって予定を変えてしまった経験は、多くの人がお持ちだと思います。このように、考えていたのと別のテキストや問題集をやりたくなる誘惑に負けてしまう気持ちを、私は「勉強の浮気心」と呼んでいます。

人間は、何を勉強したいかについて、結構コロコロと「気分」が変わってしまうのです。最悪の場合、何もしたくなくなることがあります。

そのようなときでも、マトリクス計画表があれば、その日にこなさなければならない課題が厳選され、すでにきちんと書き込まれているため、それを計画通りに、最優

先でこなしていかざるを得ません。

つまり、**マトリクス計画表は、人がどうしても持ってしまう「気分のムラ」を防ぎ、その日にやることについて、「迷い」という余計な時間を排除してくれるのです。**

また、さらなる効用を付け加えますと、マトリクス計画表に書き込んだその日の課題をクリアすれば、あなたはめでたく無罪放免（？）となり、その日の残りの時間は、お酒を飲もうと音楽を聴こうと、好きなことを遠慮なくやることができます。

課題がきっちり決まっていないと、かなり勉強した後であっても、「勉強しないで、こんなことやっていていいのかなあ？」と後ろめたい気分になります。お酒を飲んでもおいしくありません。達成感と充実感を感じた後の楽しみは、これまた格別なものです。

日々の達成感は、それだけで十分な「自分に対するご褒美」になります。また、これまでこなしてきた足跡を確認すれば、ますます「達成感」は強まります。

脳科学でも、その日にやった課題を日記としてつけておいて、しばしば目にするだけで、十分な復習効果があるとされています。マトリクス計画表を作れば、まさに一日何度となく、終わった課題を見返すことになるため、それを毎日続けるだけでも、きわめて大きい復習効果が期待できるのです。

理想は「長期」「中期」「短期」で3回転させる計画

マトリクス計画表の作り方につき、もう少し具体的に説明しましょう。

たとえば、試験まであと3ヵ月というときには、どのように計画を立てればいいでしょうか？　あるいは、もし、あと1ヵ月しかない場合なら？


もちろん、試験の性格や期間によって異なりますが、原則として、「少なくとも勉強を3回転させるような計画を作る」ことを考えましょう。

前にも述べましたが、「回転させる」とは、勉強内容を繰り返すことです。それを3回やるのが最も効率的なのです。それも、回転させる期間を「長期」「中期」「短期」に分けて3回転させるのが理想です（細かく言うと、この3回転に加えて「最短期」、つまり試験の前日も忘れずに見直しましょう）。

もし3ヵ月で勉強するというのであれば、「長期回転」の期間を2ヵ月、「中期回転」の期間を3週間、残りの10日弱マイナス1日を「短期回転」の期間として、内容を通して勉強するのが一つのパターンです。そして、試験前日に、もう一度見直しをするのです。

たとえば、私は司法試験を受験したとき、5月に行われる択一試験に備えて、年明けから5月までの計画を作成しました（もちろん、ずっと択一試験の勉強ばかりをやっているわけにはいきませんので、別の計画表も作っていましたが、ここでは触れません）。

択一試験は、「憲法」「民法」「刑法」の3科目でした。それぞれについて、まず、テキストと過去問を中心にしっかり勉強していく「長期回転」の期間を、1月から3月までの3ヵ月としました。そして、3ヵ月かけて学習した内容を定着させる「中期回転」の時期を4月のまるまる1ヵ月とし、5月に入ってから本試験までの10日強を「短期回転」、つまり仕上げの3回転目としました。そして前日には、3回やった内容をパラパラと見返して終わり、という計画を立てました。

この方法は、思った以上に効果を上げました。前年の10月から勉強を始めたにもかかわらず、5月の択一試験に合格したのです(論文では落ちたものの、7段階中2番目の総合B評価を得たのはすでに述べた通りです)。そして翌年は、各予備校が行っていた直前模擬試験で上位一桁に入る好成績を収め、論文、口述も通って最終合格を果たしました。

「3回転勉強法」の二つの効用

では、このように勉強を3回転させることで、どのような効果が上がるのでしょうか。以下で、主に二つの点を説明しましょう。

効用① 記憶ががっちり保持できる

まず、とにかく3回転させれば、記憶したことが脳の中できっちりキープされます。この点については、容易におわかりでしょう。

人間にとって、3ヵ月前に学習したこと、いや、1ヵ月前に学習したことも、記憶として保持しておくのは簡単ではありません。しかし、3回転させれば、最初の1回転が「学習」に、その後の2回転目と3回転目が「復習」になり、格段に記憶によくとどまります。

効用②　相互理解作用が生まれる

司法試験で言えば民法、大学受験で言えば世界史、数学……など、試験前に頭に入れなければならない内容が、とてつもなく広範囲に及ぶ科目があります。そういうとき、期間を決めて3回転させれば、その科目の全体像が把握できると同時に、バラバラに頭に入った知識を体系的に組み立て直せるという効果があります。

大学受験の勉強を終えた方であれば、試しに数学でも世界史でも物理でも、薄い教科書を1日でざっと読んでみてください。法律系の資格をお持ちなら、民法の薄い入門書を見てみるのもいいでしょう。

すると、「バラバラで記憶し、理解していた事柄も、案外、互いに関連しているのだな」と思われることでしょう。民法であれば、最初の「総則」と「契約各論」がどのようにつながっているのか、実際の条文の適用関係はどうなのか……といったことがわかるでしょう。数学であれば、幾何と代数を一体的に把握できるはずです。

現在の日本の教育システムでは、テキストの最初から学習を始めていって、ときどき「確認テスト」のようなものがあり、1年かけて最後までたどり着き、それでおしまい――というパターンがまだまだ多数派です。しかし、このように1年くらいの時間をかけて細かく学習を進めていくやり方では、科目の全体像、つまり「体系」が見えなくなります。

ですから、**内容を一通り学習したら、短期間のうちに見直しをするのです。もしくは、カリキュラムを自分で組めるのなら、理解できない部分は平気ですっ飛ばして、テキストの平易な部分の勉強を何度も回転させ、最初に全体像を把握してしまいましょう。**そういう勉強法の方が、はるかに効率的です。

これは、試験対策としても役立ちます。試験委員や出題者が好んで出すのは、「その科目の体系的理解ができているかどうか」を問う問題がとても多いからです。

ルール13
右脳のパワーを徹底的に利用しよう

人間の脳は、右脳と左脳に分かれています。両者の役割については、最近よく知られるようになりましたが、念のため、簡単に復習しておきましょう。

右脳はイメージや感覚を司《つかさど》り、左脳は言語活動や論理的思考を司るとされています。私たちが日常生活で人と話をしたり、社内文書などを書いたり、メールを書いたり……といった場合は、主に左脳が使われます。また、絵画などの芸術作品を見たり、音楽を聴いたり……といったときは、右脳が使われます。

また、右手の動きは左脳と、左手の動きは右脳と密接に関連しているそうです。つまり、手と脳の関係は、左右がクロスしているのです。ですから、両手をバランスよく使うと、右脳と左脳の働きのバランスもよくなるのです。

余談ですが、左利きの人の数は右利きの人より少ないにもかかわらず、レオナルド・ダ・ヴィンチ、アインシュタイン、ナポレオン、ビル・ゲイツ……といった著名人が多いのは、左手の動きを通じて右脳の動きが活発になり、その力をうまく使って業績に結びつけているからだそうです（ちなみに私も左利きなのですが……）。

ヴィジュアル性が右脳を活性化させる

そんな右脳の働きが最近注目され、右脳を使ったさまざまな勉強法が紹介されています。

その多くが、「信じられないほど素晴らしい成果がある」とぶち上げています。ここまで持てはやされると、逆に、「もう『右脳がすごい』云々はたくさんだよ」とウンザリしている方も多いのではないでしょうか。

私自身も、右脳の力の全面的な礼賛に対しては、いくらか疑いの目で見ていることを否定できません。しかし、右脳が関係していると思われる「写真的記憶」の強烈な効果を体験したことがあるのも事実です。その記憶の定着があまりにも強いため、この章できちんと説明することにした次第です。

多くの人に経験があるでしょうが、新聞や雑誌の記事を読むときに、まず全体をざっと眺めると、一瞬にして、「どこにどのような記事が載っているか」が大まかにつかめます。

たとえば、新聞記事だったら、いくつかの「大見出し」が目に飛び込んできて、紙面のどこにどんな大きさで記事が配されているかがわかります。それ以外でも、電車で中吊り広告をボーッと見ていると、大小さまざまな見出しの言葉が目に飛び込んできますし、街中を歩けば、看板広告がどんどん視野に入ってきます。そして、「何が、どこにあって、どんなメッセージを発しているのか」が、大ざっぱに把握できます。

大切なのは、それらの作業が、いずれも、「ほとんど無意識的」に行われているという点です。ここに右脳の力が大きく関係してきます。

人間の目は、本人も特に意識しないうちに、たくさんの情報をヴィジュアル化して、頭の中にインプットしているのです。それによって、右脳は絶え間なく活性化されています。したがって、たとえば旅行に行って、日常では見ないような光景を眺めるという体験は、右脳をさらに大きく活性化することになります。

最近、これまでよく売れた書籍の内容をヴィジュアル化し、版型を大きくして再刊行した「ムック」という形式の本がたくさん売られています。本書のオリジナル版にあたる『最短で結果が出る超勉強法』にも、『図解 最短で結果が出る超勉強法』としてムック化されたものがあります。これも、読者の右脳に働きかけて、左脳ばかり使っていた活字だけの情報を右脳にも刷り込むための工夫だと私は思っています。

このように、右脳は「パッと目に飛び込んできたもの」や「形などのイメージ」、はたまた「歌詞を意識しない音楽」などに触れたときに活性化します。逆に、左脳は、「文章をじっくり読んでいるとき」（まさに今のあなたがそうです）や「あれこれと現実的なことを考えているとき」のように、いわゆる仕事や勉強をしている際に活性化します。

ちなみによく、「日本人の左脳は疲れている」と言われます。音楽でも、歌詞の意味を考えながら聴いていると左脳を使いますし、風景画を見ても、「講釈」を考えると左脳が働きます。ウンチク好きな日本人の実態を言い当てた説かもしれません。

言語情報も右脳でヴィジュアル化される

世間では、「右脳を使えば、短期間で膨大な内容を暗記できる」とか「右脳を活性化させれば、奇跡的な学習効果が表れる」という類のフレーズがあふれています。

勉強法に関して好奇心旺盛な私は、値段が張るものでなければ、たいていは買ってきて試しています。しかし、これらの右脳を活用する勉強法については、正直なところ、まだ「全面的に効果が上がる」とまでは断言できません。しかし、「右脳を利用して、ある程度の効果を上げる方法」があることは事実なので、それについて説明します。

最近の研究結果によると、「言語によるだけでは、一つの情報全体のうち、7％しか伝達できない」そうです。つまり、１００ページの活字だけの本を読んだとしても、全部で7ページ分しか情報として人の頭にインプットされないということになります。

こんなことを言うと、すぐに次のようなお叱りをいただくことでしょう。
「そんなバカなことがあるわけないよ。私は活字だけの小説を読んでも、すごく感動できるんだ。それとも、活字だけで感動させることのできる小説家は、書いた分の7%だけで人の心を打っているというのかい？」
ちょっと聞くと、実にもっともな反論のように思えます。

しかし、これは大いなる誤解なのです。なぜなら、活字だけの小説を読んでいても、誰もが頭の中に、しっかりとヴィジュアル的なイメージを作っているからです。仮にその小説に主人公の容貌が描かれていなくても、読者は勝手に主人公の顔立ちを想像しているでしょう。手に汗握る格闘シーンや、ドキドキするラブシーンだって、多くの人が、読みながら頭の中でイメージを作っているはずです。

要するに、**活字の情報伝達力は7%にすぎなくても、その7%の情報を読み手が右脳でヴィジュアル化し、膨らませて吸収している**わけです。

そうであれば、右脳を鍛えるには、すでにヴィジュアル化されたマンガよりも、活字の方が役に立つことになります。同様に、DVD教材よりも音声だけによる教材の方が、右脳を鍛えるのに適しています。

英単語集をマスターしないまま、東大に合格

そういう考えに基づいて、既存の教材を使い、「右脳」を活用して効果を上げる方法があります。以下に、それを紹介しましょう。

まず、「電子辞書よりも紙の辞書を使うこと」です。特に英語の辞書や法律の六法全書、あるいは税務通達集などは、勉強のために使うのであれば、必ず紙に印刷され、書籍化されたものを使用しましょう。

最近よく、学生が電子辞書を使っている姿を見ますが、私はあまり感心しません。

英語の辞書でも、六法全書でも、「何度も何度も引いているうちに覚えてしまった」という経験がある人は多いと思います。また、英語の辞書であれば、目的の英単語と同じ見開きページにある別の単語まで自然に「一覧」できますから、一つの単語を引くだけで、「見開き一覧」の単語が右脳を活性化させる効果もあります。さら

に、目的の単語を何度も引いているうちに、それが辞書のどの部分にあったかを（具体的には「左ページの右下」などと）覚えてしまいます。

このように、**紙の辞書は、開くと左右のページが自然に視野に入ってきます。したがって、左右のページが「まとめて一つのイメージ」として、右脳に焼きつけられるのです。**

さらに、ページの一部にマーキングやチェックが入れられていれば、その部分を開くたびに、マーキングやチェックした部分が、一覧性を持って「右脳」に飛び込んできます。

私が司法試験の受験生だったときは、模試では、「司法試験用六法」というものしか使用が認められていませんでした。この「司法試験用六法」とは、本番の論文試験のときに、司法試験委員会が用意して受験生に使用を認めるものと同じです。

当時の私は、週に4回も模試を受けていました。そのため、「司法試験用六法」を引きまくり、その結果、「よく使われる条文は、六法全体のどのあたりにあるのか」「左右のページのどちらにあるのか」「上段にあるのか、それとも下段にあるのか」をほぼ覚えてしまいました。ついでに、その周辺の条文もだいたい覚えました。

また、大学受験のとき、私は英語の単語集を一度も通して読んでいません（正確に言うと、読み切れませんでした）。当時、『試験に出る英単語』（青春出版社）という本が爆発的に売れていて、ほとんどの大学受験生が持っていました。私も1冊買って何度かトライしたのですが、中身を全部マスターする前に挫折してしまったのです。

代わりに、英語の長文問題などで、知らない単語があっても初めは推測して読み、後でそれらの単語を必ず辞書で調べ、何度も記憶をチェックする――という覚え方をしました。つまり、何度も何度も辞書を引くことで、英単語を頭に定着させたのです。

こうして単語集を通読せずに勉強した英語ですが、別にそれで不都合もなく、東大文Iと早大政経学部に現役合格しました。つまり、大学受験のときの私の英単語力は、主に「辞書引き」だけで合格レベルに達したと言っても過言ではありません。

これは一見、遠回りのように思えますが、実は人間の右脳の持っている「一覧性を把握する力」を使っていたことになり、本当は大変な近道をしていたのです。

右脳活用のためのテキスト加工法がある

最近のテキストは、大学受験の参考書は言うに及ばず、法律書のような「カタい」ものでもカラー印刷が進み、図表も多く使われています。わかりやすくするために、ものすごく親切な作りになっているのです。

これは、十数年前の法律書が活字だけだったことを考えると、大変な進歩だと言えます。このような工夫も、つまるところは、「読者の右脳に働きかけようという試み」だと言えるでしょう（作成者がどこまで意識しているかはわかりませんが）。

このように、とても親切になったものの、テキストは大学受験でも資格試験でも、「科目の内容のほぼすべてを網羅《もうら》しなければならない」という宿命があります。予備校の教材などは別ですが、体系的に構成されるテキストは、「試験に出題されやすい部分」だけを抜き取って編集することはできませんし、そのようなことをされたら、読んでいる方は、わけがわからなくなってしまいます。

つまり、目的に応じてテキストを最大限活用したいのであれば、自分用に加工しなければならないのです。その加工方法として、私は20年以上前から「2段階マーキング法」の効用を説いていました。

「2段階マーキング法」とは、たとえば法律書で言うと、「定義」「結論」「理由」「判例」などを述べた箇所に、それぞれ別の色でアンダーラインを引き、アンダーラインを引いた中でも特に覚えておかなければならないキーワードを、「ひとかたまりの言葉」ずつ、蛍光色のラインマーカーや黄色のダーマトグラフで塗りつぶす——というものです。

一例を挙げます。政教分離に関する最高裁判例の目的効果基準の記載として、「その目的が宗教的意義を有し、その効果が特定の宗教の援助、助長、促進、圧迫、干渉等につながらない限り憲法に定める政教分離原則に違反しない」というものがあります（少々ややこしくて恐縮です）。

これを覚えるべく、私は最初、「判例」に使っていた青色の色鉛筆でこの箇所にアンダーラインを引きました。そして次に、「目的」「宗教的意義」「効果」「援助、助長、促進、圧迫」といった箇所を、黄色のダーマトグラフで塗りつぶしていきました。

すると、テキストのこの箇所を見ただけで、まず判例が書いてあることがわかり、次にキーワードが目に飛び込んでくるのです。その全体像が、脳に焼きつけられます。

実はさきほど、この「その目的が宗教的意義を有し……」という一節を書いたとき、私は憲法のテキストを一切見ていません。これは司法試験受験のときに覚えただけの箇所で、その後使っていませんが、2段階マーキング法のおかげで、今もすらすら出てくるのです。

要するに、**右脳経由でヴィジュアル的にインプットされれば、20年以上たっても、そしてインプットしたのがたとえ文章であっても、テキストのページのイメージがよみがえってくるのです。**

20年たっても消えないヴィジュアル的記憶

この右脳の「ヴィジュアル把握力」を活用した2段階マーキング法は、娘の中学受験でも絶大な威力を発揮しました。

自分の娘だからできたことですが、私は、大学受験や司法試験でうまくいった勉強の方法論が中学受験でも通用するかどうか、娘で実験してしまったのです（他人様のお子さんであれば、決して許されないことですが……）。

娘の中学受験は、私たち一家が東京に出てきてから始まりました。当時、娘は小学校4年生の3学期を迎えたばかりです。それまで受験のための理科と社会をまったく勉強していなかったのに、ほどなく四谷大塚の「組分け試験」で、理科と社会のテストを受けることになりました。

他の子供たちは、1年前から四谷大塚の「予習シリーズ　4年　上・下」で理科と社会をみっちり勉強しています。その中で、理科と社会がまったく白紙の娘が試験に挑むのは、かなりの無理がありました。しかも、残された期間は1ヵ月もありません。

そこで私は、理科と社会の「予習シリーズ　4年　上・下」に「2段階マーキング法」を施し、娘には「色でマーキングした部分だけを何度も読むように」と指示しました。結果として、娘は理科でも社会でも高得点を上げ、約30クラスあるうちの、上位3クラス内に入ることができました。

このように、「2段階マーキング法」でテキストをヴィジュアル的に加工すると、ある程度の理解力があれば、テキストをパラパラと無意識に眺めているだけで、右脳が働き、重要事項を覚えてくれます。参考書でも、あるいは辞書や六法全書でも、加工されたテキストのページ全体が視覚的に頭に浮かぶようになれば、OKでしょう。

私は今でも、20年近く前に加工したテキストのページ全体を、ヴィジュアルなイメージとして思い浮かべることがあります。

右脳を活性化させる三つの方法

このように、右脳を使った勉強には、左脳だけによる勉強では考えられないような効果があることは確かです（世間で絶賛されているほどすごい効果かどうかは、私はまだ結論を出していませんが）。科学的な細かい根拠については今後さらに解明が進むのでしょうが、いずれにしても、左右に性質の異なった脳があるのですから、両方使った方が効率的であることは間違いありません。

ここで、辞書やテキストのマーキング以外に、日常生活で「右脳」を活性化させる方法を説明したいと思います。

もっとも、私は脳科学者ではありませんので、今まで自分なりに試し、実践してきた方法を紹介することになりますが、一つだけ自分で設けた「原則」があります。それは、「右脳を活性化させるときは、左脳を使わない」というものです。

言語活動や論理的理解、推論など、「左脳」が活性化する作業をしているときに、「右脳」を活性化させるのは不適当です。

以下、私なりの（もちろん、元は請け売りですが）「右脳活性化法」をいくつか紹介します。日常生活の中で簡単にできますので、ぜひ試してみてください。

①絵画やデザインなどを、意味を考えずにボーッと見る

３Ｄ写真（立体写真というのでしょうか？　眺めていると、急に立体的に見えたり動いて見えたりする写真や絵です。視力をよくするという効果で有名です）を眺めましょう。それも、なるべく頭を空っぽにしてです。しかし、そう言っている私こそ、いろいろなことについ「意味」を考えてしまうタイプですので、注意しなければ

……。

②瞑想用CDを聴く

短い時間で構いませんので、毎日少しずつでも、前に紹介した「瞑想用CD」を聴きましょう（56ページ参照）。頭の疲れが取れますし、瞑想用CDから流れる音楽の多くは、頭の中に視覚的なイメージを呼び起こします。したがって、思考をヴィジュアル化する訓練になります。

③歌詞のない音楽を聴く

ジャズでもクラシックでも、はたまた洋楽でも、歌詞の意味を考えることなく聴ける音楽であれば、ご自身の好みでどんどん聴いていっていいと思います。これも、私はあまり肩が凝らないように、ボーッと聴いています。

他にも「右脳活性化法」はいくらでも考えられるでしょう。「難しく考えない＝左脳を使わない手段」という基準で考えれば、あとは皆さんの好みにお任せします。

最速勉強法ベーシック・スキル

会計学編

会計は「本物の財務諸表」で勉強するのがベスト

最近、やたらと会計学関係の書籍が売れているようです。

思うに、多くの人が「いやしくもビジネスパーソンたるもの、貸借対照表（バランスシート＝B／S）や損益計算書（P／L）、キャッシュフロー計算書くらいは最低限度、知っておかなければならない……」と痛感しているのでしょう。もしくは、銀行員や企業の経理担当者が必要に迫られて読んでいるのかもしれませんし、あるいは、将来、公認会計士試験を受けるための準備をしている人が増えているのかもしれません。

ただ、「会計学入門」と銘打っているわりには、財務諸表をきちんと読めるようになれる書籍は案外少ないようです。結局は、銀行の弱みを教えたり、コスト意識の重要性を教えたり……といった本ばかりが目立ちます。

もちろん、コスト意識は大切です。自営業者の中には、コスト意識が希薄で、そのために廃業や破産に追い込まれるケースがあります。コスト意識が経営会計の最初の一歩であることは間違いありません。ただし、それを知ったからと言って、会計学の基礎を押さえたことにはならないのです。

私はかつて、司法試験の教養科目（今はありません）で「会計学」を選択して、やたらと点数を稼いだ記憶があります。

会計学という科目は、覚えるべき事項はさほど多くはありません。ただし、とにもかくにも最低限の知識を頭に入れておかないと、財務諸表を見たときにいちいち項目の内容を確認しなければならず、余計な手間がかかります。ですから、仕事で会計学を使うのであれば、最も使い勝手のいいテキストを買ってきて、最低限のことを「暗記」してしまいましょう。

最初から暗記ばかりというのが大変だったら、とりあえず数回はテキストを読みましょう。その後、今度はインターネットで公開会社の財務諸表を見ながら、テキストで説明された事項を確認していくのです。この作業を10社分くらいやってみると、自然といろいろなことを覚えていきます。

ただし、その順序は、同業種の企業数社（鉄鋼なら鉄鋼、自動車なら自動車）をまず集中的に見て、その業種のことがある程度わかったら、別の業種を見る……というふうに進める方が効果的です。なぜなら、業種によって勘定科目に含まれている要素が異なってきますし、同業の数社を比較するのは、やってみるとかなり楽しい作業だからです。

できれば、一つの業種を数社見た後は、それに近い業種の会社をいくつか見る……というふうに進めていくと、よく理解できるようになります。それは、業種間の類似点が多いので、その分、財務に対する理解が深まるからです（たとえば、自動車会社をいくつか見たら、次は、同じように輸出で稼いでいる工作機械の会社を見てみるのです）。

さて、会計学というのは、知識が得られただけでは、単なる「宝の持ち腐れ」

になる分野です。はっきり言えば、それだけでは何の役にも立たないと言っても過言ではありません。

そこで、基礎的な知識を身につけたら、次にはぜひとも財務分析をやってみましょう。決して難しいことではありません。

ひところ、ムック形式で「企業分析」関係の書籍がたくさん出版されましたが、あの程度の知識があれば十分です。「流動比率」や「棚卸資産回転率」、「営業利益」から「税引き後純利益」までのチェックポイントなどは、簡単に押さえられるでしょう。これも楽しみながらやっていきましょう。

実際のサンプルが、インターネットでいくらでも手に入るのですから、それをもとに、1日30分の財務分析で構いません。1ヵ月も続ければ、あなたは財務諸表を読むのが楽しくなるはずです。

さらに、財務諸表が株式投資における重要な判断材料となることは言うまでもありません。

かの独特の株式投資法で大富豪になったウォーレン・バフェット氏は、対象となる企業を徹底的に調べてから、投資すべきか否かを決定して、大成功を収めたそうです。株に投資をするのであれば、その会社の財務分析くらいはきちんとやっておいた方が、成功する確率ははるかに高くなるでしょう。

第3部

一気に
成果を上げる
最強のヒント

ルール14

「突っ込む癖」で論理力を養おう

近年、とみに「論理力」について書かれた本が目につきます。おそらく、日本社会がグローバル化（特にアメリカ化）しつつある中で、昔ながらの日本的な「阿吽《あうん》の呼吸」や「場の空気」でやり取りをしていては、ビジネス社会が成り立たなくなっているのでしょう。

好き嫌いはともかく、論理力は、学生も社会人も、学ぶべき必須の要素になっています。

そこで、この章では、「誰でも、いつでもできる論理力の養い方」を説明します。このやり方が習慣になれば、読者の皆さんの論理力が飛躍的に向上すること請け合いです。

あらゆることについて「自分への問いかけ」を

論理力は、まず「問いかけ」から始まります。物事について、質問をしたり、それに答えたりしていくうちに、養われてくる力なのです。

ただし、問いかけると言っても、他人に質問することだけではありません。**最初はまず、自分自身への問いかけから始めます。日常生活で何かが目にとまったとき、「なぜ、こんなことになっているのか？」と、理由を自問自答してみるのです。**たとえば、テレビで日々のニュースに接したときでも、コンビニに行って店頭に新しい商品が並んでいるのを見たときでも、いつでも構いません。

そんな自問自答の例を、簡単に紹介しましょう。

Q　最近「格差社会」や「品格」という言葉がやたらと目につくけど、どうしてだろう？

A　そういうテーマを扱った本が売れているからだ。

Q では、なぜそのような本が売れるのだろう？　まず、「格差社会」を扱った本が売れる理由は？

A 人々は、社会の現状をきちんと認識していないと不安だから。特に日本人は、自分が社会の中でどんな立場にいるのか、自らのポジションを確認したいという欲求が強い。

……といったように、新聞記事や広告を見たら、常に「なぜ？」と突っ込みを入れながら考える習慣をつけるのです。これは、論理力を養成するために、きわめて有効な方法でありながら、同時に簡単で、電車の中でも食事中でもできます。

このとき、自分が考えた答えが正しいかどうかなど、気にしなくて構いません。要するに、実際に起こっている現象について、自分なりの「理由づけ」ができればいいのです。

古田敦也氏とヨン様では、どちらがメガネが似合う?

ただし、この自問自答で注意しなければならないことが、一つあります。それは、**「理由を見つけられない主観的な好みの問題について、論理的な答えを出そうとするという過ちを犯してはならない」**ということです。

主観的な好みの問題に、論理力で答えは出せません。そもそも論理的に答えようとすること自体が無意味です。「論理的」と「感情的」「主観的」を混同してはいけません。

たとえば、「東京ヤクルトスワローズで活躍した古田敦也氏とヨン様では、どちらの方がメガネが似合っているか?」という問いは、まったく主観的な好みの問題です。メガネが似合うかどうかは、各人の好みによって判断されることなので、論理では説明できません。こういう問題について自問自答しても、論理力を養うことにはまったくならないのです。

(ところが、ウソかマコトか、あるディベートの本ではこの議論が大真面目に説明さ

れているという話を聞いて、私は腰を抜かしました）
「ヨン様の方が似合っている」と主観的に思う人がいても、それはその人の感覚的な好みの問題ですから、反論できるはずがありません。

ですから、日常で目につく題材の中でも、「主観的な好みとは関係のない問題」を見つけて、自分に問いかけることが大切です。


「円安が進んでいるのはなぜか？」

「ホワイトカラー・エグゼンプションが急に問題になったのはなぜか？」

「アメリカが、イランやイラクより北朝鮮に甘いのはなぜか？」

「少子化が進んでいるのに、リストラを進めると株価が上がるのはなぜか？」


……などなど、数多くの問題について、わざわざ調べることもなく、「自分なりの理由」や「自分なりの理屈」を考えるだけでいいのです。

毎日たった一つでも、このような「なぜか？」を繰り返すだけで、あなたの論理力は飛躍的に向上します。もちろん、友人や知人に同じ問いかけをして、その答えを自分のものと比べれば、新しいアイディアに触れることができるし、どちらが論理性がしっかりしているかを比べることもできます。さらに効果は上がるでしょう。

論理力をアップさせる「一人ディベート」

ディベートとは通常、一つの事柄について、「賛成派」と「反対派」に分かれ、論理的な理由や根拠を挙げながら、それぞれの主張を展開していく——というものです。

論理力の養成のため、ディベートは有効な手段ですが、一緒にやる相手がいなければ、一人でやることも可能です。その場合、さきほど述べた「自問自答」をさらに発展させたものだと思って取り組んでみましょう。

まずは、この一人ディベートについても、「課題」を設定します。たとえば、「憲法改正に賛成か反対か？」を課題としてみましょう。

課題が決まったら、まずは賛成派になって、自分の意見の根拠を考えます。このとき、

【憲法改正・賛成派の根拠】

①今の憲法は現代の状況に即していない。

②そもそもGHQによる押しつけ憲法だ。

などと考えたとしたら、今度は反対派になって、さきほどの「賛成派の根拠」①と②に対する反論を考えてみましょう。

【反対派の反論】

①に対して

「現代の状況」とは何を指すのか、具体的ではない。

仮にその点を譲ったとしても、そもそも憲法とは、国を間違った方向に導かないための「根本規範」なのだから、現状に憲法を合わせるのは本末転倒だ。

②に対して

押しつけ憲法であっても、「いいものであればいい」ではないか。

押しつけられたものがすべてダメだと言うのなら、親が子に施す教育もダメなのか。

この作業を一通りやったら、今度は逆に、反対派の根拠から始めてみます。

【憲法改正・反対派の根拠】

現行憲法は、世界でまれに見る平和憲法だから、平和憲法を改正することは日本を軍事大国に導く恐れがある。

【賛成派の反論】

平和憲法を持っているだけで、他国から侵略・攻撃を受けないという保障はまったくない。そうであれば、他国の侵略から自国民を守るための最低限の軍事力は必要で、「憲法改正が日本を軍事大国に導く」という主張には論理の飛躍がある。

……という調子で、自分の頭の中で「賛成派だったらどんな理由をつけるか」「反対派だったらどんな理由をつけるか」を考え、さらに、それぞれの理由についてどのような反論がありうるかを考えてみるのです。これが「一人ディベート」です。

この論考が日常生活の中で頻繁にできるようになれば、あなたの論理力はハイレベルと言ってもいいでしょう。

自分の頭を使わなければ、論理力は身につかない

私はなぜ「自問自答」や「一人ディベート」をお勧めしてきたのでしょうか。それは、論理力というものが、「自分の頭をきちんと使わなければ決して伸びない能力」だからです。

今、「論理力」や「論理学」に関する本の多くは、さまざまな例を挙げては、「論理的に考えると〇〇の理由で△△の結論になる」といった説明をしているようです。

しかし、このような「パフォーマンス」を眺めているだけでは、真の論理力は決して身につきません。考え方の筋道を追う参考にはなるでしょうが、自分の頭を「論理的」にするには、それでは不十分です。常日頃から課題を見つけて、自分の頭でトレーニングする習慣を身につけるしかないのです。

そういう意味で、紹介した二つの形式のトレーニングは、やさしいものからでも、自分の得意分野からでも構いませんので、ぜひ楽しみつつ実践していただきたいと思います。

ルール15 五感をフルに使って勉強しよう

人間の五感とは、言うまでもなく「視覚」「聴覚」「味覚」「嗅覚」「触覚」の五つです。このすべてをフルに使って効果的に勉強しよう——というのが、この章での私の提案です。

しかし、「勉強に五感を使え」と言われても、何のことだかよくわからず、面食らってしまうのが普通でしょう。まずは、その意味からお話しします。

五感を上手に使っている人は少ない

皆さんは、「自分が勉強している姿をイメージしてください」と言われたら、自分のどんな様子を思い浮かべますか？

多くの人が、勉強机の前で本を読んでいる姿を思い浮かべたのではないでしょうか。あるいは、教室で授業を聴いている姿というのも頭に浮かんだことでしょう。

中には、大きな声でテキストを音読している自分を想像した人もいるかもしれません。

ただし、ほとんどの人の頭に浮かんだのは、「視覚」を使うテキスト読み、「聴覚」を使う授業の聴講、さらにはペンでノートを取るという「触覚」を使った方法でしょう。

このように、**意識しなくても、人は五感を使って勉強しているのです。**この章では、それらをもっと意識的に行って、いい結果を出すための提案をしていきます。

こう申し上げると、さっそく次のような「突っ込み」が入ることが予想されます。

「視覚と聴覚と触覚を使うのはわかった。じゃあ、味覚はどうやって勉強に使うんだ？　まさか、テキストを食べろと言うんじゃないだろうな？」

「嗅覚はどうやって使うんだ？　まさか、科目ごとに、テキストに別々の香水をかけろなんて言うんじゃないだろうな？」

……などなど。

誤解しないでください。私は決して、ヤギのようにテキストを食べろとか、何種類もの香水を買ってこいなどと言っているわけではありません。

「五感をフルに使え」というのは、正確には「目と耳と口と手と鼻をフルに使え」という意味です。「五感」という言葉が一般になじみ深いものなので、「五感をフルに使え」という表現を用いて、頭に刻み込んでいただこうと考えたわけです。

せっかく本書で、勉強内容を効率よく定着させる技術をお伝えしているのに、「記憶の歩留まりが悪い表現」を使っては、読者に申し訳が立ちません。「目と耳と口と手と鼻をフルに使え」という表現ではリズムが悪く、勉強するときの合い言葉として不自然です。

というわけで、本書で「五感をフルに使え」と書いているのは、「目と耳と口と手と鼻をフルに使え」という意味だとお考えください。

そして、**今の学習者の多くは、まだまだ上手に「五感＝目と耳と口と手と鼻」を使**

えていないな——というのが、私の率直な印象です。ですから、以下で私が説明する内容は、一つの例だと考え、自分の個性に合うように発展的に応用していただくのが、いちばんいいと思います。

もっと「アウトプット型の勉強」が必要だ

まず、基本を押さえておきましょう。

勉強には大きく分けて、「インプット」と「アウトプット」という2種類の作業があります。授業を聴いたりテキストを読んだりするのが「インプット＝頭に入れる作業」で、言葉で説明したり問題を解いたりするのが「アウトプット＝頭から出す作業」の典型です。

わが国の教育は、伝統的にインプット重視、いや、正確に言えば「インプットしかやらなかった」という経緯があります。 大学や、かつての予備校の大教室での授業などは、まさに「インプット」のみと言っても過言ではありませんでした。

書籍も、おおむね内容をずらずらと書いているばかりで、拙著『妻が得する熟年離婚』（朝日新書）のように、親切に「確認問題」をつけているテキストはほとんどありませんでした（ただし、最近のテキストには、親切なものが少しずつ増えているようですが）。

このような、日本の一方通行的な授業とはまったく異なる方法論が、海外には少なくありません。一つの例が、ハーバード大学のロースクール（法科大学院）で採用されている「ソクラテス・メソッド」です。

このソクラテス・メソッドを簡単に説明しますと、事前に学生に課題が与えられ、それについて教授が学生に質問し、さらにその学生の答えを踏まえて、一段と深い質問を他の学生にする……というふうに、教授と学生の間の議論を通じて理解を深めていくやり方です。

日本式のインプットのみの教育と、ソクラテス・メソッドのいずれが好ましいでしょうか？　少なくとも、適度のインプットがなされた後は、ソクラテス・メソッドで理解を深めていく方が効果的であることは、言うまでもないでしょう。海外に行かなくても、わが国の大学の少人数ゼミなどでは、似たようなことを行っているケースが少なくないようです。

ただし、一般的に見て、やはりわが国ではまだ、圧倒的に「インプット教育」に力点が置かれすぎていることは間違いありません。

ここで誤解を招かないように断っておきますと、**「インプット偏重」と「詰め込み学習」とは異なった概念です。「詰め込み」や「丸暗記」は、前に述べたように、非常に大切なものです。しかし、それだけでは不十分で、アウトプットもしなければならないということです。**正確に言うと、詰め込みや丸暗記の効果を高め、応用力を養うためにアウトプットが必要なのです。また、同じインプットをするのでも、「聴く」「見る」だけでは効率が悪い場合もよくあります。

要するに、「アウトプットなしのインプット偏重」と「目と耳のみに偏ったインプット」に問題があるだけで、詰め込みや暗記に問題があるわけではないのです。

「他人に教える」のは、優れた口頭でのアウトプット

ここまでの説明に対し、またまた次のような「突っ込み」が入りそうです。

「インプット偏重がよくないって言うけど、じゃあ、どうやってアウトプットして勉強しろと言うの？」

「アウトプットの作業もやれというのは、高い費用を払ってでも、個別指導に近いような講義を受けろということか？」

もちろん、個別指導を受けるのは、悪いことではありません。しかし、そこまでしなくても、勉強でアウトプットの作業をするのは難しいことではないのです。「アウトプット」の比重を高めるのに、余分なお金を支出する必要はまったくありません。では、どうするべきなのでしょうか？

結論から申しますと、「口と手を今よりももっとたくさん使って、アウトプットを

すればいい」のです。

まず、口を使うアウトプットから説明しましょう。

読者の皆さんは、一つの科目なり分野なりを最も効率的にマスターする方法は何だか、ご存じですか？

それは「他人に教えること」なのです。

私は司法試験に合格してからしばらくの間、司法試験の受験生に教えていたことがあります。たくさんの実力者ぞろいの受験生たちに教えるために、私は、「教わる側」である彼らの倍以上の準備をしなければなりませんでした。

このとき私は、**「教える」という経験を通じて、自分の理解不十分な部分がよくわかったのです。そして、それまで曖昧に覚えていた部分をしっかりと理解し、記憶にとどめることができました。**もちろん、「教える」というのは、自分で能動的に行う行為ですから、「記憶の歩留まり」も飛躍的に向上しました。

これは、まさに「口を使ったアウトプット」で効率的に勉強することができた典型です。

仲間と「問題の出し合い」をしよう

もちろん、誰もが当時の私と同じことをするわけにはいきません。「今すぐ予備校に行って教えなさい」などと、無茶なことを申し上げるつもりは毛頭ありません。「教えることによって学ぶ」というやり方は、もっと簡単に実践できます。

たとえば、模擬試験などの後、勉強仲間が集まって、試験問題やそれぞれの解答について議論をすることがあります。試験後でなくても、図書館や自習室に仲間が集まって勉強することもあると思います。そういうときに、お互いに問題を出し合って、理解度をチェックするだけで、学習効果はものすごく上がります。答える方だけでなく、問題を出す方も同じです。これは「仲間に教えることによって学ぶ」場合の、最も簡単なやり方です。

勉強仲間がいなければ、配偶者や親兄弟に聞き役になってもらい、彼らに教えてみましょう。場合によっては、子供が相手でもいいのです。少し時間をもらって、自分が勉強してきたことを、わかりやすく解説してみましょう。子供にも理解してもらえるように、わかりやすく説明できるようになれば、上出来です。

なぜなら、「わかりやすく説明する」というのは、本当に内容が理解できていなければ不可能なことだからです。

ですから、一般の読者を対象にした本を読んでいて、中身がさっぱり理解できないという場合は、それは著者が悪いのであって、読者が責任を感じる必要はまったくありません。著者が、理解が不十分なまま書いていると思っていいでしょう。

私自身は、司法試験の受験時代、模試の後に数人で勉強会を開いて議論していました。そして、ふだんは昼食時に、図書館の勉強仲間と「問題の出し合い」をやっていました。

また、娘の中学受験のときには、塾で学習していた娘よりも、その内容を「付け焼き刃」で教えていた私の方がよくできるようになって、困った（？）経験がありま す。

「中学受験の内容なんて、司法試験に比べればやさしいからだろう」と思う方がいるかもしれませんが、それは大間違いです（中学受験の勉強内容は、実に複雑で難解です）。娘に「教える」ことを重ねているうちに、その内容が口からのアウトプットによって私自身の脳に定着し、いつのまにか理解が深まっていたのです。

手を使うアウトプットは「問題を解く」こと

では、「手を使うアウトプット」の方は、どうすればいいのでしょうか。それは、とにかく模擬試験に積極的に参加して、たくさんの問題を解いていくのがいちばんの早道です。

私は司法試験受験の模試である「答案練習会」（いわゆる「答練」）を、2回目のチャレンジの年は、普通の受験生の2倍以上、受けていました。1週間に4回も受験していたため、答練を受けない日のほうが少なかったくらいです。

しかも、そのほとんどは、夜間に受けていました。それは、頭脳がフレッシュな日中の時間帯は、テキストを読んだり、記憶をしたり……といったインプット的な作業をし、疲労が蓄積されてきた夜に模試を受けることによって、自分の頭と手を強制的に動かし、無理にでもアウトプットをするようにしたかったからです。午前中に模試を受けてしまうと、それだけで疲れ、その日はもう、集中力が必要な作業がやりにくくなってしまいます。

このように、模試をたくさん受験すれば、時間配分などのテクニックが身につくだけではなく、手をフルに使う効果的なアウトプットの作業ができるようになります。ぜひともお勧めしたい方法です。

資格試験を受験する人の中には、まず半年から1年くらいはしっかり授業を聴いて、それからおもむろに模試を受け始める人たちがいます。実際、そのようなモデル・カリキュラムを組んでいる予備校もあります。

しかし、そういった方法は絶対に時間のムダだと、私は確信しています。なぜなら、時間がたてば、人は半年前や1年前に学習したことなど、忘れてしまうものだからです。つまり、模試を受け始める時点では、半年前や1年前に学習したことの記憶は、曖昧になっている可能性が高いのです。

仮に、半年前や1年前の勉強内容をよく覚えていたとしても、「すぐ2～3日後には模試が控えている」と思った方が、はるかに学習に身が入ります。そういう理由でも、**最初から授業と並行して模試を受けていった方が、間違いなく効率的なのです。**

前述の通り、私は、会社を退職した翌日の10月1日から、司法試験の勉強を始めました。

まず、その10月の後半から始まる模試の申し込みをして、翌年の3月まで、毎週2回の模試を一度も休まず受け続けました。幸い、模試では出題範囲が決まっていたので、その範囲を、市販されている講義テープとテキストで勉強しておくことができました。

その結果、半年弱で、当時の司法試験の「訴訟法」までの5科目につき、答案練習を重ねることができたのです。

もし当時の私が、「最初は基礎から」と考えて、模試を受け始めるのを半年くらい遅らせていたら、短期間で主要5科目の答案を書くことなど、到底できませんでした。模試のペースに追われる形で、結果として必死で走り抜けることができた——というのが実感です。

もちろん、脱サラだった私にとって、半年や1年、じっくりと勉強に取り組んでいる余裕などなかったという事情もあったのですが、それが逆にラッキーに転じたようです。

常に手を動かし続けた天才数学者

以上、アウトプットによる勉強法として、「口で話す（教える）」と「手を使って問題を解きまくる」の二つを説明しましたが、他にも、方法はいろいろあると思います。

しかし、とにかく「口」と「手」が基本だということを忘れてはいけません。特に、「手を動かしまくる」ことはきわめて重要です。

たとえば、数学の問題を解くのは、立派な「アウトプット作業」ですが、驚いたことに、問題がわからないと、何分間も手を動かさずに問題用紙とにらめっこをしている受験生がかなりいるそうです。これではいけません。

数学の問題は、図形だったら補助線を引いたり、代数問題だったらあれこれ試行錯誤の式を立ててみたりと、「手を動かしてなんぼ」のものです。手を動かしていろいろ書いてみて、初めてきちんとしたアウトプットの作業ができるようになるのです。

天才数学者ガウスは、名実共に「大先生」になってからでも、決して計算助手をつけようとしなかったそうです（電卓もない当時は、単純計算も人間が手でやらなければならず、数学者の多くは、そのための計算助手を雇っていました）。そんなガウスに、ある人が「なぜ計算助手を使わないのですか」と尋ねると、ガウスはこう答えたそうです。

「単純な計算をするプロセスの中からも、新しい発見をすることがある。だから私は、計算作業がとても大切だと思っている」

天才ガウスにして、手を動かして単純計算をしていたのです。まして私たち凡人が、手を動かさないなどという不遜（？）な態度をとってはいけません。**特に数学の勉強のように、あれこれ書いてみて試行錯誤するアウトプット作業では、とにかく手を動かすことを忘れないようにしましょう。**

もちろん、手を動かして試行錯誤するのは、何も数学だけではありません。ビジネスにおいても、企画書の構成や内容を考えたり、マーケティング戦略を考えたりするときなど、思いついたことを、片っ端から手を動かして紙に書き込んでいきましょう。最近は「マインドマップ」が流行していますが、慣れない人は、コピー用紙の裏などに、「思いついたこと」をどんどん羅列していくだけでも十分です。「思いついたこと」をだいたい並べ終わったと思ったら、次にそれを読み返して、削除したり補足したり、あるいは矢印で結んだりしていくのです。そうすると、頭の中がすっきり整理されて、企画などを立案するのに大いに役立ちます。

「作業」を「勉強」と勘違いするな

これまで、アウトプット作業の重要性を説明してきましたが、読者の皆さんに誤解や混同を生じさせないよう、ここで「作業」と「勉強」の違いについて触れておきましょう。

中学時代や高校時代のことを思い出してください。クラスの中に一人か二人は、定規やマーカーをあちこちに使って、やたらときれいなノートを作っている人がいませんでしたか？　また、現在の中高生でも、そういう人がクラスに一人か二人はいませんか？　そして、そういうきれいなノートを作っているわりに、彼らの成績は、もう一歩だったのではないでしょうか？

私が中高生の頃には、そういう人が結構いました。とても熱心に「美しいノート」や年表、元素記号表などを作っているのに、もう一つ成績が伸びない同級生たちが……。

彼らはおおむね真面目で、実に熱心に勉強していました。それなのに、なぜ成績が伸びなかったのでしょう？　彼らの能力が劣っていたからでしょうか？　答えをちょっと考えてみてください。

正解は、「彼らはあまり『勉強』をしていなかったから」です。

確かに、彼らは科目ごとに一生懸命ノートを作っていましたし、それにかける時間は、普通の生徒たちよりも多かったのです。しかし、彼らがやっていたのは「勉強」ではありませんでした。単なる「作業」にすぎなかったのです。

ノートというのは、自分さえ読んで理解できればいいものです。その目的にかなえば、必要以上にきれいに整理する必要など、まったくありません。科目によっては、ノートそのものが不要な場合も少なくありません。

少なくとも私は、大学受験でも司法試験の勉強でも、授業中にノートを取ることはあっても、後々のために、きれいな「ノート整理」をした経験は一度もありません。

大まかに言って、**「勉強」という行為は、「理解」「定着」「試行錯誤」などの頭脳労働を指します。しかし、定規やラインマーカーを使ってノートを美しくする作業は、頭を使わないので勉強とは言えません。あくまで「作業」の範囲にとどまっているものです。**

3時間の勉強時間があった場合、美しいノートを作っている人たちは、場合によっては2時間を「作業」に使い、1時間しか「勉強」すなわち「頭脳労働」に使っていないことがよくあります。それに対して、「作業」をできるだけ省略する人は、3時間の多くを「頭脳労働」に使うことができるのです。

このとき「勉強」している時間を比較すれば、前者は1時間、後者は3時間近くになります。「作業」を優先させている、もしくは「作業」の比重の高い人たちが、机に向かっている時間のわりに成果が上がらないのは、しごく当たり前のことなのです。

もし、読者の中で思い当たる節がある方は、さっそく「作業」時間を「勉強」時間にシフトしましょう。「こんなに内容をきれいに整理しているのに結果が出ないなんて、ひょっとして自分は能力がないのだろうか？」といった悩みは、あっという間に吹き飛んでしまうはずです。

音声教材のメリット、デメリット

さて、五感を使った学習のうち、「聴く」ことの効果について説明します。

英語のリスニングなどは別として、他の学習に関しては、不当に「耳からの学習」というものが軽視されているように、私には思えてなりません。

大学受験でも、ＣＤなどの音声教材を主力商品としている出版社はほとんどありません。中学受験に至っては、音声教材がまったくないといっても過言ではありません。

その理由として、「塾や予備校で授業を聴けばそれで十分だ」と考えるユーザー側と、「音声教材を大々的に出すと、生徒が教室に足を運んでくれなくなるかもしれない……」と恐れる塾や予備校の思惑が合致しているからではないかと思います。

確かに、塾や予備校に通っていれば、授業や講座を受けることで、聴覚による情報収集ができます。しかし、それでも、「音声教材には、塾や予備校の授業とはまったく異なった大きな有用性がある」と私は信じています。

その「音声教材のメリット」は、以下の通りです。

①　生徒が塾や予備校に通うのは、夜の時間帯が多いので、疲れていて授業に集中できないケースがよくある。しかし、音声教材なら、「集中できなくなればすぐに止められる」という便利さがある。

②　塾や予備校を休んでしまうと、バックアップシステムをとっている場合でも、追

いついていくのにどうしても負担がかかり、最悪の場合、挫折する恐れもある。これに対して、音声教材であればその心配はない。

③授業はカリキュラムが決められているが、音声教材を使えば、自分のペースに合わせてカリキュラムが組める。たとえば、毎日聴いて早く進むこともできれば、日曜日に集中的に聴くこともできる。あるいは、不得手な部分だけを聴くこともできる。

④音声教材は携帯性に優れているので、いつ、どこでも聴くことができる。「通勤中にポータブル・プレイヤーで聴いた内容をよく覚えている」という経験を持つ人が多いそうだが、これは、きわめて当たり前のことである。歩いて全身の血のめぐりがよくなっている状態で目に入ってくる光景と、聴いている内容とがしっかりと結びつき、記憶の定着度が上がる効果があるからだ。

ある銀行の看板を見ると、特定の勉強内容がよみがえってくるとか、逆に、特定の分野の勉強をしていると、急にあるレストランのイルミネーションが浮かんでくる……といったケースが少なくない。

⑤脳科学の専門家にも、「視覚に頼らず、聴覚だけに頼った方が脳が活性化する」

という見解がある（前出の脳科学者・板倉徹教授など）。

実際、私は、司法試験受験の最初の年は、ほとんどすべての学習内容を音声教材の講義テープで聴いて、模試（答練）を受けていました。当時は、予備校が前年の講義テープを販売していたので、その中から自分に合った講師の講義テープを買い、出題範囲に沿って、文字のテキストと講義の音声テープを併用しながら、模試を受ける準備をしたのです。

こうして、自分のペースで講義のカリキュラムを立てられたわけです。そのおかげで、早い段階から模試を受けて、いい成績を上げることができました。

また、机に座っての勉強に飽きると、ポータブル・プレイヤーを持って近くの公園まで散歩に行ったものでした。晴れた日には、素晴らしい気分転換になりますし、いい気分で聴いた音声教材の中身は、頭にしっかり残ります。公園の風景と憲法の構造がリンクされて頭に叩き込まれる、といった効果もありました。

その翌年も、私は引き続き音声教材を重宝しました。その結果、前にも述べたように、こと司法試験に関しては、「声はよく聴いたけれども顔は知らない恩師たち」の方が、圧倒的に多くなってしまったのです……。

娘の中学受験の際にも、しっかりと音声教材を使いました。ただし、市販されているものがほとんどありませんでしたので、私自身が重要なポイントを吹き込んで娘に聞かせたり、二人で「Q＆A」をやった内容を吹き込んで聞かせたりしました。

おかげで娘は、少なくとも社会や理科の暗記科目で苦しむことはありませんでした。

ただし、気をつけていただきたいことがあります。**「音声教材だけ」で勉強していくのは、決して効率的ではない**——ということです。

音声教材と、塾や予備校での学習とのバランスをうまく取っていくことが、何よりも大切なのです。遠隔地や時間の事情などで予備校に通えないといった場合はやむを得ませんが、音声教材だけの学習だと、よほど意志力が強くなければ続かない場合があります（CDばかりが山積みしてしまうという事態になります）。

塾や予備校に通うのが困難な人も、せめて模試だけは、塾や予備校に行って受けることを強くお勧めします。

「集中」と「リラックス」で嗅覚を使い分ける

さて、五感のうち、まだ触れていないものがありました。嗅覚、すなわち鼻を使う勉強法です。

「荘司は『五感をフルに使って勉強せよ』などと大風呂敷を広げているものの、嗅覚はどうしろと言うのだろう。まさか、しらばっくれてすっ飛ばすのではあるまいな？」

読者の皆さんの中には、私がこの箇所の説明をどう切り抜けるか、ちょっと意地悪い興味で見ていた方もいらっしゃるのではないでしょうか。

冗談ではなく、そう考えた方は、今後何かの方面で活躍され、勉強も効率的にやっていける方だと推察いたします。それは、「普通では考えられないような難題をどうクリアするのか」という点への強い好奇心は、これからの社会を強く生き抜いていくために必須の要素だからです。

話を戻しましょう。嗅覚を活用した勉強法としては、(お気づきの読者も多いかもしれませんが) アロマを使います。

近年、アロマの効用として、「気分転換や病気の治療に役立つ」ということが広く知られるようになりました。これを勉強に利用しない手はありません。

集中するときはレモンやミントなどの香りを用い、リラックスするときはラベンダーなどを使うのです。そうすると気分のメリハリもつきますし、「高揚した気分で勉強し、安らいだ気持ちで休息もしくは睡眠をとる」ことの大きな助けになります。

実は、私がこの原稿を書いている今も、書斎にアロマを焚《た》いています。匂いはミントです。本当は、もっとシャキッとする柑橘《かんきつ》系がよかったのですが、あいにく切らしてしまっておりました……。

香りによる効果にも、もちろん個人差がありますので、いろいろ試した上、ぜひ自分のTPOに合わせたアロマを選んでみてください。

最速勉強法ベーシック・スキル

経済学編

「公務員試験レベルの経済の問題を解く」ことをめざそう

私は44歳のときに、初めて経済学のテキストというものを開きました。

学生時代に「経済学」の単位を取っていなかったので、まさに初心者として、ノーベル賞経済学者ジョセフ・スティグリッツが書いた『スティグリッツ　入門経済学』（東洋経済新報社）を読み始めたのですが、あまりにも面白くて、あっという間に読了してしまいました。その後、アメリカの有名経済学者グレゴリー・マンキューや、わが国の経済学者のテキストも読んで、自分では一人前に経済学がわかったつもりでいました。

ところが、この時点での私には、二重の意味での誤解がありました。

まず、経済学のテキストを読んだものの、実際にそれらのテキストで用いられている経済モデルや数式を、漠然としか理解していなかったのです。言い換えれば、そのようなモデルや数式を見ても、「単なる説明概念にすぎない」と高をくくっていました。どのようなプロセスでそれらができるのかについての知識が、完全に欠如していたのです。

しかし、幸いにして、人気金融コンサルタントの石川秀樹先生の講義テープを購入し、聴くことができました。それによって、「実際に使われている経済学とはいかなるものか」とか「経済モデルでそれぞれの曲線を作成していくプロセスはどのようなものか」といったことを学び、よりプラクティカル（実践的）な学習をすることができました。石川先生のテキストは、スティグリッツやマンキューと違って、試験対策用の実用書でした。

それまで、経済学者のテキストで独学していたときには完全に見落としていた部分が、だんだんわかってきたのです。

もちろん、石川先生も講義テープで語っておられましたが、内容を理解できただけでは、経済学の問題は解けません（あくまで、資格試験などの経済学の問題ですが）。この点、経済学は実に数学に似ています。

私も、内容を理解していたつもりでしたが、石川先生の出題した問題を見ても、さっぱりペンが動きませんでした。

そこで私は、「とにかく試験を受けることに決め、それに合わせて勉強しよう！」と決意し、経済学検定試験を受けることにしました。まず、検定試験の過去問を買ってきて、試験の前日まで、必死で何回も解き回しました。残念ながら、私的な事情で当日は受験できなくなってしまったのですが、付け焼き刃的にでも問題を解きまくったことは、大きな財産になりました。

経済学を履修していない人は、とかく「テキストを読めば十分だ」と思いがちですが、本当に理解するためには、公務員試験の基本レベルの問題は解けるようにしておかなければなりません。今思えば、問題がある程度解けて、初めて経済学の仕組みが何となくわかったような気がします。

また、ビジネスパーソンであれば、ミクロ経済学の「損益分岐点」や「操業停止点」などの概念は理解しておく必要があるでしょう。また、ゲーム理論による戦略理論の初歩くらいは、常識の範囲と言えます。

英語が読める方は、スティグリッツやマンキューの著作を原書で読むと一石二鳥です。だいたいは平易な英語で書かれていますし、また、彼らの本は何度も改訂を重ねていますが、どれも翻訳されるのが遅いため、原書の最新版を読めば、最新の知識や情報を得ることができます。

ルール16 教材は「迷ったら買い」を肝に銘じよ

試験は王道を行く者が勝つ

入学試験、資格試験などを受験する場合、ほとんどの人が予備校や塾、あるいは有名な参考書などを使用しますね。

きわめてまれなケースですが、「私は予備校や塾に行かずに、東大（あるいは有名私立中学）に合格した！」と言う人たちがいます。しかし、そういう人たちは、あくまで例外だと考えた方がいいでしょう。自分もその例外に入ろうとするのは、かなり自信過剰で、リスキーな冒険だと思います。

難関試験といっても、合格するのはたった一人ではありません。オリンピックの金メダリストのように、一つの種目で４年に一人しか出ないのならともかく、選抜試験や資格試験には毎年数百人の合格者枠があるのですから、その中に入り込めばいいだけなのです。だから、「特別なこと」をする必要は何もないと考えましょう。

そもそも、入試も資格試験も、「もともと備わった能力や才能で合否が決するもの」では決してありません。年に何百人単位で合格する試験において、生まれながらの秀才・天才たちしか合格しなかったとしたら、日本は「天才大国」になってしまいます。

ですから、**合格者枠の中に、まれにＩＱが２００くらいの人がいたとしても、そういう人は特別な例外だと思って気にしないようにしましょう。「その他大勢」で合格したところで、何の問題もないのです。**

受験は「王道」を行った者が勝つのです。奇抜な戦略はやめましょう。

どうしても実力を伸ばしたければ、倹約は禁物

ただし、同じ王道を歩んでいても、1～2週間くらい観察すれば、「合格するタイプの人」と「不合格になるタイプの人」を、だいたい区別できる自信が私にはあります。

その判断基準は、「目先のことに対してケチな人」は不合格になるタイプだ——というものです。「ケチ」という言い方が乱暴であれば、「倹約家」と表現してもいいでしょう。

もしも「趣味」で受ける試験であれば、倹約は大いに結構です。趣味にお金を使いすぎると、家庭内争議の原因にもなりかねません。「予算の範囲内で、何らかの資格や検定試験を受けなければならない」という場合は、ムリして支出する必要はまったくありません。

しかし、「どうしても合格したい！」「どうしても高得点を取りたい！」、いや「合格しなければならない！」「高得点を取らなくてはならない！」という人たちは、決

して「倹約」をしてはいけません。

そういう方々に、ぜひ胸に刻み込んでおいていただきたい言葉があります。それは、

「時間と効率のためには、金を出し惜しんではならない！」

というものです。

勉強する人は、この言葉を、なるべくいつも目にする定期入れや机の前に貼っておいてください。もちろん、表現を自分なりに変えても問題ありません（たとえば、「金で時間と効率を買え！」「勉強に金を出し惜しむな！」「本は迷ったら買え！」といったものでもいいでしょう）。

以下で、「時間と効率のためには、金を出し惜しんではならない！」という言葉の意味するところを具体的に述べてみたいと思います。

「本を買わないリスク」の怖さ

私は、大学受験の勉強をしていた頃から今に至るまで、「本は迷ったら買い！」という言葉を自分に言い聞かせてきました。

書店に行くと、いかにも役に立ちそうな本が目に入るときがあります。しかし、その日は別の本を買う予定で、新たに買ってしまうと手元のキャッシュが少なくなる。仮に買ったとしても、本当に役に立つかどうかはわからない……。そんなときは、「買おうか買うまいか」と迷うものです。

こういう場合は、とにかく買ってしまわなければなりません。**「少し高いからやめておこう」と考えて買わなかった本が、何かの拍子に突如として必要になる――。そんなことが、勉強していると、往々にして起こるのです。**

最も不幸なのは、そのときに買いそこねた本が後で絶版になってしまったり、一時的に市場からなくなってしまったり……といったケースです。そういう場合は、それこそ大学図書館ででも借りなければ、どうしようもありません。しかし、借りた本では、線を引いたり、マーカーを引いたり、書き込みをしたりして「加工」することはできないので、前に説明した勉強法は使えません。また、万一書き込みができたとしても、返却しなければならないのでは、何の意味もありません。

そこまで不幸なケースでなくても、後日もう一度書店に行って買うなり、ネットで買うなりしたところで、どうしてもタイムラグが生じてしまいます。

その間の「機会損失」（そのタイムラグの時間を仕事に振り向けていれば得られたはずの利益）は、いったいいくらになるのでしょう？　これは仕事によって異なりますが、例として、弁護士になって年間３０００万円稼げる人のケースを考えましょう。この人のおおよその時給は、残業や休日出勤なしで、１万５０００円になります。

しかも、この１万５０００円というのは、かなり控えめな数字です。なぜなら、合格が１年遅れると、初年度の年収が機会損失になるのではなく、いちばん稼げる時期の１年をみすみす失う結果になる方が、わが国では圧倒的に多いからです。

もちろん、医師や弁護士は年功賃金ではありませんが、やはり、ある程度のキャリアの蓄積期間を経た後に、「本格的な稼ぎ時期」がやってきます。したがって、「弁護士になるのが1年遅れると、本格的な稼ぎ時期が1年少なくなる」と考えた方が、実情に合っています。こう考えると、時給で２万〜３万円の機会損失になると思われます（ちなみに、タイムチャージ制をとっている大手法律事務所のベテラン弁護士は、1時間当たり７万円をクライアントに請求するそうです）。

要するに、「迷ったあげく買わなかった本」を買いにもう一度書店に行ったり、ネットで注文して送られてくるのを待ったりしている間に、1時間当たり２万〜３万円の機会損失を被《こうむ》ることになるのです（もちろん、待っている時間を有効活用すれば、ある程度は相殺されますが）。

このように、「本を買わないリスク」はいたるところに潜んでおり、その損失の程度も、計り知れないものから軽微なものまでさまざまです。それに比べて、本の値段はせいぜい数千円。買うか買わないか、どちらを選ぶのがクレバーかは、一目瞭然ですね。

中学受験にも役立った「迷ったら買い」の法則

私自身は今も、1ページでも役に立ちそうだと判断したら、迷わずに本を買っています。おかげで、私の書斎は足の踏み場もありません。

今だけではなく、司法試験の受験生の頃も、貧しいながらも本代を惜しむことはしませんでした。それが、当時としては最短期間で本試験にも合格することにつながったのだと思っています。

娘の中学受験のときも、私は「本は迷ったら買い」の大原則に従いました。娘の受験に有益だと思えば、参考書や問題集をどんどん買ったのです。受験しないかもしれない学校の過去問も、たくさん買ってきました。

すると、娘もやはり、山のような参考書に埋もれてしまいそうな状態になりました。しかし私は、「どの参考書も、数ページでも、1時間でも役に立てばＯＫ」と娘に言って聞かせていました。結果として、一度も開かなかった参考書もいくらかありましたが……。

ただし、科目ごとに「この部分なら、この参考書がいい」「この問題なら、この参考書の解説がわかりやすい」というふうに取捨選択をして、娘の勉強効率を上げることには成功しました。そのおかげで、小学校４年生の３学期になるまで受験勉強をしていなかった娘が、睡眠時間を削ることもなく、四谷大塚の模試の最終回で総合56位（偏差値72）をとって、受験した難関私立中学のすべてに合格できたのだと確信しています。

理解できない講座は受けるな

入学試験でも資格試験でも、予備校には必ず、「いい講師」と「悪い講師」がいます。「いい講師」というのは、試験に必要な知識をわかりやすく、かつ、頭に定着するように説明してくれる講師のことで、「悪い講師」はおおむねその逆と考えていただければ、間違いはないでしょう。

ただ、この「いい講師」「悪い講師」というのは、受講する側の主観に大いに左右されるものでもあります。同じ講師が、Aさんにとってはいい講師なのに、Bさんにとっては最悪の講師だ――ということもよくあります。

その原因として、「学習の到達レベルの違い」や「相性」といったものが考えられますが、**とにもかくにも、「自分自身にとって『いい講師』」の講座だけを受けることが肝心です。「評判は『いい講師』だが、自分にとっては『悪い講師』」の講座を、お金を払ってしまったからという理由で受け続けるのは、有害無益です。**その講座の時間分の機会損失が生じてしまいますし、何といってもストレスが溜まります。

ですから、講座を選択するときは、まず「体験授業」などを受けてみることをお勧めしますし、最初は内容がよくわかったのに、次第に理解できなくなっていった……という場合、それは自分にとって「悪い講師」なのです。そういうときは、マンネリや不勉強など「自分の側の原因」がなければ、その時点でスッパリ受講をやめてしまいましょう。

私が司法試験を受験したとき、主に前年度の講義テープを使って勉強したことは、すでに述べた通りです。それでも、たまにはライブの講義（？）にも出席しました。

そして、テープ講義もライブ講義も、「これは使えないな」と思った段階で、さっさとやめてしまいました。時間の方がはるかに大切だと思ったからです。

学習環境もお金で買おう

自宅が「学習に向いていない環境」にある方には、図書館や有料自習室などを利用することをお勧めします。

有料自習室は、本当に熱心に勉強する人たちが集まってくるため、静かで、気分を「学習モード」にすぐにスイッチできます。もちろん、スターバックスなど、コーヒーショップの方が効率が上がるという人は、そういうスペースに行けばいいでしょう。要は、自分にとって「時間に応じた最適の環境」を探しましょうということです。

そして、その環境に対して対価を払う必要があったとしたら、その時は惜しみなく財布のひもをゆるめましょう。勉強の効率が上がれば、それによって最終的に得られる利益は、そのお金よりはるかに大きいのですから。

また、予備校や塾などの中には、空き教室を「自習室」として開放していたり、独自の立派な自習室を完備していたりするところもあります。予備校や塾を選ぶときは、講座の内容だけでなく、そのような学習環境も考慮に入れるべきでしょう。

もっとも、自習室がとても立派だという理由で入塾しても、すでに自分に適した学習環境があれば、一度も自習室を使わなくてすむことだってあります。お金をムダにしないために、まず、現在の自分の環境をしっかり把握しておいてください。

「学習環境コンシャス」になろう

人間は、一日のうちの時間帯によって、気分が左右される傾向があります。

たとえば、午前中は何だか気が重いけれども、午後になると元気になって、日が暮れるとついつい居酒屋に行ってしまう……という人がときどきいます。これは単純な例ですが、程度の差こそあれ、人間誰しも、一日のうちに「気分の変化」が生じてきます。

また、気分は天候にも左右されます。好天の日は、デパートの売り上げが伸びたり株価が上がったりしますが、雨天や曇天の日は、その逆の現象が起こるそうです。

ですから、**同じ環境にいても、一日の時間帯や天候によって学習効果が上がったり、逆に下がったりするものなのです。**そこをしっかり理解しておくと、学習環境を、気分に応じて自在に変えることができます。

たとえば、午前中や曇天のときに調子の出ない人は、できるだけ「学習モード」が高まる場所に行くようにすれば、「乗らない気分」を「乗せる」ことができます。逆に、どんどん気分が乗っている時間帯には、雑音がなく、他人から干渉されない自室で勉強した方がいいかもしれません。

「気分に応じて学習環境を使い分ける」というのは、ある程度の期間、学習を継続しなければならない場合には、きわめて重要なことです。環境に対してある程度意識的に神経を使うスタンス、つまり「学習環境コンシャス」になりましょう。

現に私自身も、金融機関を退職して司法試験の勉強を始めたとき、最初の論文試験までは自分のアパートで勉強していましたが、特に梅雨時など、閉塞感のあまり叫び出したくなるほどでした。

そんな悩みがあったため、学習環境を工夫することをあれこれ考えるようになり、次年度は、午前中は大学図書館の3階（やや暗めで集中できる環境です）、午後は4階（明るくて見晴らしがいい環境です）で、模試があるときは予備校に通って勉強していました。この年は、本当に気分的に苦しい思いをしたことは、ほとんどありませんでした。

このように、とても大切な学習環境を整えるため、自分の周期的な「気分」に応じて、できる限りの工夫をしましょう。

ルール17

資格や学歴は取れるときに取っておこう

資格や学歴「だけ」では、成功できない時代

ご存じのように、今日の日本では「一生懸命に勉強して、いわゆる一流大学を卒業すれば、一生安泰」という時代はすでに終わっています。

かつては違いました。30年以上前になりますが、私が東大文Ⅰに入学した年の「法学概論」の講義で、教授がこんなことを言っていたのを覚えています。

「君たちのご両親は、君たちが合格したことでとてもホッとしているはずだ。少なくとも、食いっぱぐれることはなくなったのだから……」

今振り返ってみると、ずいぶん思い切った言い方ですが、それでも当時は、いくら

か控えめな表現だったような雰囲気がありました。

しかし、20年くらい前から状況は激変しました。東大を出ていても、かなり厳しい経済状況にいる人や定職にさえつけていない人が、私の知る限りでもたくさんいます。

私と同業の弁護士も、同じように「肩書きだけで安泰」ではなくなっています。

かつて私が長銀に在職していた頃、調査部の報告書に、「弁護士の中で、生活保護を受けて暮らしている人の数は相当の割合にのぼる」というくだりがあったのを強烈に覚えています。まだ司法試験の合格者数が年に５００人程度と少なく、時代もバブルに向かおうという時期だったので、私は少なからずショックを受けてしまいました。

現在では、借金にあえいで懲戒処分を受ける弁護士が激増しているようです（実際、弁護士の懲戒件数は、年々うなぎ登りに増加しています）。

弁護士の他に、たとえば社会保険労務士の資格を取得した人でも、仕事がなくて苦労しているケースが少なくないそうです。そういう境遇に置かれた数人の社会保険労務士が、オフィスの狭い一室をあてがわれている写真を、私はかつて新聞で見たことがあります。それを見て、「今の時代、社会保険労務士の資格を持っているだけではとても食っていけないんだなあ」としみじみ思ったものです。

どのような資格を持っていても、ただ看板を出して待っているだけでは、お客さんが来てくれるわけではありません。逆に、資格に安住することなくバリバリと営業活動を続ければ、持っているのがいわゆる「強力な資格」でなくても、大活躍できるのです。

現に私の友人は、社会保険労務士の資格を取得してから、ニーズのありそうなところをこまめに営業活動に走り回り、その結果、「仕事がありすぎて忙しすぎる生活」をしています。私も、弁護士登録と同時に独立開業しましたが（つまり「イソ弁＝居候弁護士」の経験がありません）、仕事につながりそうな人や会社に、あちこち挨拶して回ったものです。

要するに、どんな学歴や資格があっても、本人が営業活動を嫌がったり、社会人として常識ある接客ができなかったり……という有り様では、何の役にも立ちません。

言い換えれば、学歴や資格は、今や「満足できる人生を歩むことの十分条件」ではなくなったのです。**学歴や資格を持っているという事実だけでは、極端な話、生きていくことすら困難な時代になった**と考えるべきでしょう。

資格や学歴があった方が、絶対に有利

ただし、資格や学歴だけでは何の意味もない時代ではありますが、資格や学歴がないと「門前払い」を食らうことが多いのも、これまた事実です。

単純な話、弁護士資格がなければ弁護士業務はできませんし、医師の資格がなければ医療行為はできません。

また、企業が社員の中途採用をするとして、実力も経歴も甲乙つけがたい2人から、1人を選ばなければならないとします。このとき、2人のうち1人がMBA（経営学修士）を持っていたとしたら、ほとんどの企業は、そのMBAを持っている人を採用するでしょう。

つまり、**学歴や資格だけでは意味がないけれども、学歴や資格の存在意義がまったくなくなったわけではないのです。学歴や資格は、「十分条件」ではなくなったものの、一定の範囲内では「必要条件」だと考えるべきです。**

弁護士資格を例に取ると、「それだけで食べていける」という十分条件ではありません。しかし、「弁護士資格がなければ、法律事務所で弁護士として働けない」という必要条件としての機能はしっかり果たしています。ＭＢＡも同じく、持っているだけで稼げるとは限りませんが、「ＭＢＡを持っていれば、持っていない人より評価で得をする」のです。

したがって、その「必要条件」である学歴や資格を取るためには、やはり効果的に勉強を重ねるしかないのです。

具体的には、学歴や資格は、次のような理由で持っておいた方がいいと言えます。

①　就職や転職のとき、持っていないよりも持っている方が絶対に有利に働く。
②　学歴や資格を取るために専門分野の勉強をしたことで、仕事上、役に立つことが

たくさん身につく。たとえば、税理士の資格を取れば、個人、法人いずれの営業職になっても「節税対策」などが自分の営業の売りになり、顧客を増やすことができる。

③とりあえず同業者の会に登録して、その集まりなどに出席すれば、同業者間のネットワークができて、ビジネスチャンスが広がる。たとえば、「弁護士会」「税理士会」「行政書士会」……といった会からは、情報だけでなく、仕事の紹介案件がもたらされることもある。

取れるものなら、必ず取っておこう

要するに、今は資格や学歴だけで生きていける時代ではありませんが、資格や学歴がないことで、せっかくのチャンスを逃してしまうことも少なくないのです。

したがって、かつての司法試験の受験生のように、人生をかけてまで試験にチャレンジする必要はありませんが、取れるものなら、取れるときに取っておいた方が、絶対に有利です。資格や学歴の性格にもよりますが、「取れるとき」を逃してしまうと、後になってから取ろうとしても、かなり困難な場合が少なくないようです。

各人の経済的な理由などで、とても無理なものも中にはありますが、今は「数学」や「漢字」の検定まであるのですから、あれこれ探せば、自分の目的に役立つ資格を見つけることは、さほど難しくありません。そうやって目標が決まったら、あとは本書で紹介した勉強法で、それを取得すべく頑張るだけです。

特に資格などは、取っておくと、いざというときにとても助かることがあります。

「芸は身を助く」という言葉がありますが、資格や学歴も、芸に劣らず身を助けます。

私の知人で、当時は「食えない資格」だった行政書士の資格を取ってから、会社に勤務していた人がいます。ところが、勤務先の会社が倒産してしまい、その人はやむなく実家に帰って、行政書士事務所を開業します。すると、彼の営業努力の甲斐もあって、会社に勤めているときより、年収がはるかに増えたのだそうです。

また、接待スキャンダルなどの不祥事で、旧大蔵省を退職した元キャリア官僚が、学生時代に司法試験に合格していたことを生かして、司法研修所で学んでいる写真を見たことがあります。私はひそかに「この人は役人時代の人脈を生かせば、弁護士になっても相当有利な仕事を得られるだろうな」と想像しました。

このように、資格や学歴は、「すぐに使わなくても、困ったときに助けてくれるもの」です。ビジネスパーソンの皆さんも、取れそうな資格があるなら、労を惜しまず勉強し、積極的に取りにいきましょう。決して損はありませんし、それどころか、人生のピンチや転機で助けになってくれる可能性が大いにあります。

おわりに

100万円をあなたは何に使いますか？

あなたは、いったい何を目標として生きていますか？　何を目標として人生を送っていますか？

唐突な質問で戸惑った方がいらっしゃったら、お詫び申し上げます。しかし、これは私自身が何度も自問自答した質問なのです。

弁護士として心身をすり減らしながら働いていたとき、あるいは、あげくの果てにダウンしてしまったとき、私は「自分の人生の目的」についてあれこれ考えました。

「生活のため」というのなら、いったい何のために生活をするのだろう？

「家族のため」であれば、家族にどうあってほしいのだろう？

「お金のため」であれば、仮に巨万の富を築いたときに、どうやって使うのだろう？

結局、私たち人間というものは、自分の幸せを求めて生きているのであって、家族やお金というのは、自分の幸せを実現するための手段の一つではないだろうか……。いつしか私は、そんなふうに考えるようになりました。

そういうと、こう反問されるかもしれません。

「では、自分の幸せとは、いったい何ですか？」

その問いに対して、私は「幸せとは、満足できる人生を送り続けることです」と答えたいと思います。ささやかな満足でも、大きな満足でも、人それぞれ、いろいろな満足があるでしょうが、不満な毎日を過ごし続けるほどつまらないことはありません。

もし今、目の前に１００万円があり、それを自由に使っていいとしたら、あなたはどうしますか？

「株に投資する」「借金を返済する」「銀行に預ける」「一晩で使ってしまう」……な

どなど、いくらでも考えられますが、１００万円というのは、ある意味ですごく中途半端な金額ですよね。高級車が買える金額でもないし、豪遊できる金額でもないし、株式投資の元金としては心もとない。１００万円で、一生「満足できる人生」を送れるわけでもありません。

しかし、その１００万円をうまく「自分への投資」に使えば、かなり満足できる人生を送れる可能性が高くなります。

「現物投資の時代」から「自己投資の時代」へ

巷には、株式投資や不動産投資などの情報があふれています。しかし、このような証券や不動産に投資して「満足できる人生」を送るためのリターンを得るためには、それ相応の金額の元金が必要です。

きわめて単純な話ですが、いかに天才的な投資家であったとしても、（運に恵まれたシンデレラボーイやシンデレラガールを除けば）相応の元金があって初めて、巨万の富を得る可能性が生まれるのです。

１００万円が元金であれば、年利30％で着実に儲けたとしても、１年で30万円にしかなりません。運よく年利30％の運用を続けることができたとしても、10年間で、複利計算で１３８０万円程度にしかなりません。しかも、投資の世界で毎年30％のパフォーマンスを10年間上げ続けるのは、一種の神業と言えるでしょう。

しかし、もし元金が1億円ならば、年利30％は３０００万円になりますから、ここから税金を引かれたとしても、たった1年の運用益だけでかなり優雅な生活ができます。元金10億円なら、運用益だけで1年で３億円になるのです。

これでわかるように、いわゆる現物投資では、相応の元金がなければ、「満足できる人生」を送れるだけのリターンは得られません。借金をしてそれを投資に回す、いわゆる「信用取引」でレバレッジを効かせるという方法もありますが、その分、逆に自分自身が破綻する危険性も高くなります。

私がお勧めする投資は、そういう現物投資ではありません。あくまで「自己投資」

です。

自己投資とは、自分に投資をして、自分の付加価値を高め、1時間当たりの単位価値を飛躍的に伸ばすことを指します。そうすれば、自分自身の稼働によって相応の元金を作ることができ、効果的な現物投資もできますし、自分の稼働そのものが「人生の満足度」を高めもするのです。

身につけた知恵は絶対になくならない

現代において、「物質資産」は、きわめて曖昧で不安定なものになりつつあります。莫大な資産や会社財産を相続したり、築き上げたりしても、ハイパーインフレが生じたり、経営が時代についていけなくなったりすれば、何の価値もありません。

堺屋太一氏やピーター・ドラッカー氏が書いているように、これからの世界は「知価社会」になり、「知識労働者」が成功する時代になります。現に、今をときめくIT長者たちは、大きな工場も多数の社員もいなかったのに、短期間で巨額の富を築いています。

つまり、かつては、生産設備などのハード面で資産を持たなければ、巨万の富を築くことはできなかったのですが、幸いなことに現代は、「知識と知恵」があれば、わずかな物的資産から巨万の富を築ける「チャンスの時代」になったのです。

もちろん、「巨万の富を築くこと」イコール「満足できる人生」だと言っているわけではありません。巨万の富を築くということは結果の一つの例であって、現代社会で「満足できる人生」を送るための最強かつ唯一の武器が「知識と知恵」だということです。

ちなみに私自身は、かなり子供が好きで、子供たちに勉強を教える（＝「知識と知恵」を授ける）のも大好きです。そのためには、まず教える側の私に「知識と知恵」が必要で、深く面白い知識を噛み砕き、子供たちを楽しませながら教えなければなりません。そうやって「知識と知恵」を身につけた子供たちが、それを武器に、将来どんな活躍をするかと想像すると、気分がわくわくしてくるのを禁じ得ません。

そして、いったん身につけた「知識と知恵」は、決して奪われることがありません。これは重要なポイントなので、絶対に忘れないでください。

時代の流れがとても速い今日、これから10年先に、いや5年先でさえ、世の中がどうなるか、まったくわからないのです。

そのように、仮に国家という体制が当てにならない状況になったときでも、「知識と知恵」さえ持っていれば、他国でそれなりに生きていける可能性が高くなります。ボーダレス社会が進めば、日本人がビジネスや勉強のために海外の大学や現場に行く機会も、ますます増えるはずです。

そうすると、「日本国内なら通用する」という概念が消滅します。そういう時代には、世界に伍していけるだけの「知識と知恵」がなければ、とても「満足できる人生」を歩むことはできないでしょう。

勉強は「ローリスク・ハイリターン」な自己投資だ

本書では、さまざまな「自己投資」の中で、勉強というものにスポットを当て、その効果的な技術とノウハウを、私自身の経験を踏まえて書いています。

本来、「自己投資」とは非常に広い概念で、勉強だけでなく、スポーツや芸術、あるいは社交などについても行われるものです。しかし、スポーツや芸術の世界で一流になるのは、東大法学部で三冠王（学部成績首席、司法試験首席、公務員試験首席）を取るよりも、はるかに難しいでしょう。

私はかつて、司法試験の受験生にこう語っていました。

「君たちは、司法試験に合格することを神業のように思っているだろうが、1年に500人（当時）も合格できるのだから、オリンピックで金メダルを取るより、はるかに、はるかにやさしいんだ」

つまり、勉強というのは、最も小さいリスクで、「満足できる人生」を歩める可能性を高くする自己投資なのです（オリンピックの金メダルを目標にするのでは、狙っても実現できないリスクが非常に大きいでしょう）。つまり、勉強はローリスク・ハイリターンな営みなのです。勉強には誰もがチャレンジできるし、頑張れば頑張っただけの成果が出ることが多い。そして、その成果は後々まで役に立つのです。

もちろん、芸術やスポーツという急斜面に挑みたい人は、その道で努力されればいいでしょう。そういう人を、私は本当に尊敬します。
ただ、何となく「面白くない人生」を歩んでおられる方に、私は呼びかけたいのです。勉強という「少しだけカッコよく、大いに面白くて、しかも満足して生きるのに役立つこと」をやってみませんか、と。

荘司雅彦

本作品は二〇〇七年六月、小社より刊行された『最短で結果が出る超勉強法』を、文庫収録にあたり改題、改筆したものです。

荘司雅彦—1958年、三重県生まれ。1981年、東京大学法学部卒業、日本長期信用銀行入行。1985年、野村證券投資信託に移籍。1986年9月に退職し、1988年、司法試験に合格。1991年、弁護士登録。以来、民事、商事、刑事、倒産処理など「平均的弁護士の約10倍のペース」で幅広く、かつ多数の案件を取り扱う傍ら、複数の行政委員会の委員などを歴任してきた。
著書には『男と女の法律戦略』(講談社現代新書)、『妻が得する熟年離婚』(朝日新書)、『中学受験BIBLE』『最短で結果が出る超仕事術』(以上、講談社)、『13歳からの法学部入門』(幻冬舎新書)、『小説　離婚裁判』(講談社文庫)、『最小の努力で結果を出す超合格法』(ダイヤモンド社)などがある。

講談社+α文庫 最短《さいたん》で結果《けつか》が出《で》る最強《さいきょう》の勉強法《べんきょうほう》

荘《しょう》司《じ》雅彦《まさひこ》 ©Masahiko Shoji 2011

2011年6月20日第1刷発行

発行者——鈴木 哲
発行所——株式会社 講談社
東京都文京区音羽2-12-21 〒112-8001
電話 出版部(03)5395-3532
販売部(03)5395-5817
業務部(03)5395-3615
デザイン——鈴木成一デザイン室
カバー印刷——凸版印刷株式会社
印刷——凸版印刷株式会社
製本——株式会社国宝社

落丁本·乱丁本は購入書店名を明記のうえ、小社業務部あてにお送りください。
送料は小社負担にてお取り替えします。
なお、この本の内容についてのお問い合わせは
生活文化第三出版部あてにお願いいたします。
Printed in Japan ISBN978-4-06-281431-7
定価はカバーに表示してあります。